© Elisabeth Sandmann Verlag GmbH, München
1. Auflage 2008
ISBN 978-3-938045-28-2
Alle Rechte vorbehalten

Text	Katja Mutschelknaus
Redaktion	Eva Römer, Susanne Bartel
Gestaltung	Kuni Taguchi
Herstellung	Karin Mayer, Peter Karg-Cordes
Lithografie	Christine Rühmer
Druck und Bindung	Mohn media Mohndruck GmbH, Gütersloh

Besuchen Sie uns im Internet unter www.esverlag.de

KATJA MUTSCHELKNAUS

Kaffeeklatsch

Die Stunde der Frauen

ELISABETH
SANDMANN

Das süße Geheimnis der Damen
Vom Wesen und Wirken des Kaffeeklatschs

»Der Damenkaffee in seinen verschiedenen Variationen von der Stipsvisite
zu einer Tasse Kaffee bis zu der feierlichen Staatsaktion mit Lohndiener ist
bei der Damenwelt ebenso beliebt wie bei den Herren berüchtigt.«

I. von Wedell: Wie soll ich mich benehmen?, 1871

DAUGHTERS OF REVOLUTION

Grant Wood (1892–1942), »Daughters of Revolution«
(Töchter der Revolution), 1932, Cincinnati Art Museum

In den rund 100 000 Jahren der Kulturgeschichte der Menschheit standen betrüblicherweise nicht nur die Frauen, sondern auch der Kaffeeklatsch die längste Zeit im Schatten der Historiografie. Für die Sache der Frauen hat sich das in den letzten 30 Jahren aufs Angenehmste gebessert, für den Kaffeeklatsch hingegen gibt es noch einen gewissen Nachholbedarf.

Gewiss, verglichen mit den Jahrtausenden an steinzeitlicher Mammutkost, ist der 300 Jahre junge Kaffeeklatsch der reinste Backfisch – nicht mehr als eine Fußnote der Geschichtsschreibung der kulinarischen Ausschweifungen. Und doch ist sein Beitrag zu den Kulturleistungen Europas nicht nur ein höchst zierlicher, sondern ein nachgerade aufmüpfiger. So wie die Frauen, ist auch der Kaffeeklatsch nicht leichthin zu durchschauen. Man hüte sich, ihm ein nur liebreizendes und harmloses Wesen zu unterstellen! Im Schlepptau

seines so kurzweiligen wie flamboyanten Triumphzugs durch die bürgerlichen Sofastübchen finden sich durchaus nicht wenige Opfer, und diese Opfer sind nicht etwa der weiblichen Sahnetortenlust, sondern der Schwäche des männlichen Geschlechts geschuldet.

Der Kaffeeklatsch betrat die Bühne unserer Kultur just zu jener Zeit, da sich die europäische Gesellschafts- und Werteordnung gründlich umzukrempeln begann. Seit dem 17. Jahrhundert (und eigentlich bis nach dem Zweiten Weltkrieg) trat Europa zunächst noch zögerlich, dann aber immer entschiedener über die Schwelle der Moderne. In den Städten schälte sich aus alter Feudalordnung das Bürgertum heraus, und das Selbstbild des Menschen sowie das Rollenbild von Frau und Mann nahmen nach und nach andere Konturen an. Das war ein schmerzhafter Prozess; er ist bis heute nicht gänzlich durchgestanden. Man kann sich leicht vorstellen, dass es um 1700 üblicher war als heute, dass Männer das Tun ihrer Frauen, sofern dieses nicht den Kindern und der Speisekammer galt, mit größtem Argwohn betrachteten.

Wohl kaum jemand hat den Kaffeeklatsch so zu bagatellisieren versucht wie die Herren der Schöpfung, die sich vor diesem zarten Ritual fürchteten wie das Soufflé vor dem Luftzug. Seit es den Kaffeeklatsch gibt, haben Männer ihm am Zeug geflickt. Sie haben ihn mit Nichtachtung gestraft, mit Tricks und Drohungen zu unterbinden versucht, und als das alles nichts half, haben sie ihn mit Spott überhäuft und zur Karikatur geschrumpft. Doch ohne Erfolg! Der Kaffeeklatsch ließ sich, ebenso wie die Damenwelt, nicht unterkriegen – und diese Renitenz schürte bei den Herren nur noch mehr Ingrimm und Frust. Ein markantes Beispiel hierfür gibt die Romanfigur Baron Otto von Ottringel ab. Dieser märkische Junker und preußische Offizier ist durch nichts so aus der wohlbestallten Fassung zu bringen wie durch sein Eheweib Edelgard, wenn dieses eigene Wege geht. Edelgard, diese *»vollkommene Blume eines strengeren Typs tugendhaften deutschen Frauentums«*, entzieht sich Ottos Kontrolle, indem sie Kaffeegesellschaften besucht und dort über Dinge spricht, die Otto schleierhaft sind: *»Während meiner Abwesenheit saß Edelgard auf der Terrasse und konversierte über Dinge, die das Weibervolk interessierten, und ich weiß nicht, was«*, klagt er.

Otto und Edelgard spielen die Hauptrollen in dem Roman »Die Reisegesellschaft« von Elizabeth von Arnim, der im Jahre 1930 erschien. Zu dieser Zeit hatte der Kaffeeklatsch den Zenit seines Ruhmes zwar schon überschritten, doch der Argwohn gegen die geheimnisvollen Frauenkränzchen war damals nicht geringer als 300 Jahre zuvor.

»Ich weiß nicht, was« – dieser Verzweiflungsruf entlud sich bis ins 20. Jahrhundert hinein in Sprachkunstwerken der besonderen Art. Die Fülle historischer Verse, Spottlieder und beißender Kommentare aus männlicher Feder legt den Schluss nahe, dass es wohl einmal eine Zeit gegeben haben muss, in welcher nicht der Fußball, sondern der Kaffeeklatsch das meistdiskutierte Männerthema war: *»Kaffeeklatsch – Tritschitratsch«* posaunen die *Fliegenden Blätter* vom 9. Juni 1895; ein Pamphlet aus den 1950er-Jahren weiß zu berichten, dass *»die Mehrzahl aller kaffeetrinkenden Frauen intellektuelle,*

»Das war ja – natürlich unter uns gesagt – ein ganz abscheuliches Frauenzimmer!«
Der Kaffee löst die bösen Zungen: Inbild einer weiblichen Tratschrunde,
Holzstich von 1902

unbefriedigte, vom Mann übersehene Weiber« seien, und auch das Pariser *Album der Boudoirs* von 1836 redet nicht lange um den heißen Brei herum: *»Eine Frau in einem Pariser Caffeehaus erhält den Tribut der Neugierigen [...]. Man glaubt, sie müsse ein Schnurrbärtchen haben, Brillen tragen, oder ein Blaustrumpf – das heißt bekanntlich eine Schriftstellerin – seyn. Es gibt sehr anständige Leute, die um alle Millionen, welche in Heirathsgesuchen ausgeboten werden, die Frau nicht möchten, die sie in einem Caffeehaus getroffen.«*

Ein Gemälde – oder nur Farbtupfer?

Die Nervosität der Herrenwelt kam nicht von ungefähr. Der Kaffeeklatsch ist ein kapriziöses Geschöpf.

Wie sonst nur die Maskerade, versteht er sich auf die Kunst der Camouflage. Er versprüht das Air vanilleduftiger Naivität, doch in seinem Kern glüht die Zündschnur emanzipatorischer Sprengkraft: *»Die Befreiung der Frau aus ihrem Winkel ist die größte Leistung der Aufklärung, der Toleranz – und des Kaffees«*, schreibt im Jahre 1850 der Schweizer Wirtschaftswissenschaftler Christoph Bernoulli. Man muss diese euphorische Einschätzung nicht bedingungslos teilen, und doch zeichnen sich in dem scheinbar randständigen Kulturphänomen Kaffeeklatsch die frühen Spuren weiblicher Emanzipationsgeschichte ab. Denn der geschützte private Rahmen des Kaffeekränzchens erlaubte es unseren Ururgroßmüttern, sich frei über all die Dinge zu äußern, die sie bewegten.

W. T. Smedley, »Bride's first luncheon with her neighbours«
(Die erste Lunchvisite einer jungen Braut mit ihren Nachbarinnen),
Collier's Magazine, Februar 1903

Man darf nicht vergessen: Im 18. und 19., mancherorts sogar noch bis ins 20. Jahrhundert hinein war der Individualismus, der Wesenszug des modernen Menschen, noch weitgehend unentwickelt. Erst um 1750, als die Epoche der Empfindsamkeit heraufbrach, fanden unsere Vorfahren allmählich den Mut, sich über ihr Wesen und Wollen, ihre Bestimmung und ihren Handlungsspielraum innerhalb der ständischen Gesellschaftsordnung freigeistigere, vor allem aber individualistischere Gedanken zu machen. Damals entwickelten sich die frühen Formen einer Seelen- und Persönlichkeitskultur und man begann nach der Vervollkommnung des Individuums zu streben: »Aber wer kommt früh zu dem Glücke, sich seines eigenen Selbsts [...] bewusst zu sein?«, schreibt Goethe in »Wilhelm Meisters Lehrjahre«, einem Schlüsselroman jener Zeit, der als Lieblingslektüre des Bildungsbürgertums in den Salons und Lesekränzchen kursierte. Frauen konnten sich dazumal weder im Studium noch im Berufsleben oder in der Politik verwirklichen:

Die Öffentlichkeit war für sie tabu. Es war zwar das Zeitalter der Aufklärung, dennoch blieben die Frauen weiterhin strikt auf die Wirkungsstätte der Häuslichkeit verwiesen. In ihren Kränzchen, im Beisein von Freundinnen und ermutigt durch eine Atmosphäre der Vertrautheit, lernten jedoch auch sie, eigene Standpunkte einzunehmen und im gemeinsamen Austausch zu reflektieren.

Wenig drang von ihren Gesprächen nach außen. Die Quellen halten sich bedeckt. Nur in den zeitgenössischen literarischen Strömungen, in den Brief- und Tagebuchromanen der Empfindsamkeit sowie in den aufklärerisch-pädagogischen Handreichungen für junge Mädchen findet sich der eine oder andere Hinweis. Die Geschichte des Kaffeekränzchens ist, anders als die der Salons, nie geschrieben worden. Es gibt zahlreiche Abhandlungen über den Kaffee, aber nur wenige zaghafte Deutungsversuche über den Kaffeeklatsch. Und doch ist der Kaffeeklatsch, wie alle Kulturerscheinungen, ein Kaleidoskop seiner Zeit. Einem impressionistischen Gemälde gleich, besteht er aus unzähligen Farbtupfern. Allerdings bereitet

die Lesart dieser Tupfer gewisse Schwierigkeiten. Ein Wissenschaftler würde an dieses Sittengemälde so nahe wie möglich herantreten und feststellen, dass er nichts als Pinseltupfer sieht; er würde jeden einzelnen dieser Tupfer aufs Gründlichste untersuchen, um schließlich zu der Erkenntnis zu gelangen, dass es gar kein Bild gibt – sondern nur Tupfer auf einer Leinwand. Der Journalist, der seine Leser unterhalten möchte, macht es genau andersherum: Er entfernt sich von dem Gemälde, bis die Punkte zu einem Bild verschmelzen. Dann schildert er, was er sieht. Das ist der Weg, den dieses Buch geht.

Ohne den Entdeckergeist von Abenteurern wie Kolumbus und ohne die weltverändernde Kraft der philosophischen Aufklärung hätte es den Kaffeeklatsch nie gegeben. Die kulturelle Revolution der europäischen Heißgetränke Kaffee, Tee und Schokolade, die Entfaltung der Konditorenkunst, die Erfindung des Porzellans und des Industriezuckers, die Blütezeit des Kaffeehauses, die Gründungsepoche der Nachrichtenblätter und Journale, die Ausprägung einer Kultur der Freundschaft – alle diese Kulturleistungen erst haben den Kaffeeklatsch zu dem gemacht, was er ist: die große Kunst des kleinen Fests.

Am schönsten gewürdigt hat ihn am Ende ein Mann. Der Architekturhistoriker Sigfried Giedion schrieb 1948 den berühmten Satz: »*Auch in einem Kaffeelöffel spiegelt sich die Sonne.*«

*» Aber Sie wissen vielleicht gar nicht,
was das ist, eine Kaffeegesellschaft?
Darin besteht, kurz gesagt, das Geheimnis.«*

Brief der Madame d'Epinay an Monsieur de Lubière, Februar 1765

*Louis de Carmontelle (1717–1806),
»Marie-Charlotte-Hippolyte de Saujon
Countess of Boufflers-Rouverel«, 1760,
Musée Condé, Chantilly*

Kaffeepause unter italienischer Sonne,
Silvestro Lega (1826–1895),
»La Pergola« (Die Laube), 1860,
Pinacoteca di Brera, Mailand

Historie und Histörchen rund um den Kaffeetisch

»Und wieder war der Montag gekommen, der Tag, auf den sich Lucie und Klara, Auguste und Frida immer ganz besonders freuten. Nicht allein der Lektüre wegen freuten sie sich, nein, sie hatten sich auch meist etwas Neues zu sagen oder sich ein kleines Geheimnis anzuvertrauen. Heute war der Kranz bei Frida; nur Auguste fehlte noch.«

Henriette Schmidt: In Backfischchens Kaffeekränzchen, 1895

Das Kränzchen ist die Mutter des Kaffee-klatschs, sein Ursprung und Anfang. Der Name Kränzchen duftet nach Parfüm und wirkt durchsichtig wie ein Spitzentaschen-tuch. Kränzchen ist nicht nur ein Wort – es ist der Inbegriff eines Ideals. Die Idee der Freundschaft scheint in ihm auf.

Die Geburtsstunde des Kränzchens wird aus Liebe zur Legendenbildung gerne auf die Antike datiert, in die Zeit der Olivenkränze der Grie-chen, der Lorbeerkränze der Römer, des Kopf-schmucks der Heroen und Cäsaren. Doch so weit wollen wir nicht zurückgehen; solche Herkunfts-bezüge sind, so hübsch sie klingen mögen, recht abenteuerlich. Gleichwohl ist das Kaffeekränz-chen wie alle Feste ein Ritual – und als solches in der europäischen Kultur tief verwurzelt. Der Kranz als Symbol für Festlichkeiten und gesellige Zusammenkünfte ist seit dem Hochmittelalter in

Liedern, Handschriften und Bildnissen vielfach belegt. Die früheste Beschreibung des Kaffeekränz-chens als Damen-Pläsier steht in Amaranthes' »Frauenzimmer-Lexicon« von 1715. Sie fehlt in keiner Kulturgeschichte des Kaffees und sei hier nur deshalb wiederholt, weil sie wie keine andere den rituellen Charakter des Kaffeeklatschs betont: *»Caffée-Cräntzgen, Ist eine tägliche oder wöchentliche Zusammenkunft und Versammlung einiger vertrauter Frauenzimmer, welche nach der Reihe herum gehet, worbey sie sich mit Caffée-Trincken und L'Ombre-Spiel divertiren und ergötzen.«*

Spiel und Divertimento, der Reihe nach her-umgehend, eine vertraute Runde, die immer wieder-kehrt – diese Gepflogenheiten machen aus einem Treffen ein Kränzchen. Der gelegentliche Sonntag-nachmittagsbesuch bei Tante Hildegard, die Kaffee-gesellschaft der Frau Generaldirektor oder der »Thee-Tisch« einer Berliner Salonnière sind, wollte man

Wer wollte nicht gern Mäuschen spielen, wenn die »Gnädige« zum Kränzchen lud?
Schulwandbild »Köchin«, 1895, Museum für Kunst und Kulturgeschichte, Dortmund

erbsenzählerisch sein, keine Kränzchen im eigentlichen Sinne. Was dem Kränzchen überdies eignet,
ist die Zuschreibung, »typisch deutsch« zu sein. Der
Journalist Matthias Matussek schreibt 2006: »*Es
kann nichts Deutscheres geben als die Kaffeetasse.*«
Vermutlich war diese Aussage einem akuten Schub
von Heimatfieber geschuldet, denn bekannter-
maßen trinken die Italiener, Spanier oder Franzosen
ihren Kaffee auch nicht gerade aus Eimern.

Das Kaffeekränzchen hingegen hat tat-
sächlich deutsche Vorfahren. Es reiht sich in
die Tradition des bürgerlichen Brauchtums im
deutschsprachigen Raum ein: von der Zunftge-
selligkeit der Frühen Neuzeit über den Freundschaftskult des Biedermeier bis hin zur Blüte der
Vereinskultur im wilhelminischen Deutschen
Kaiserreich.

Ein Kränzchen zum Spielen, Bechern und Turnen

In den Volksliedern des Spätmittelalters ist immer
wieder vom »Kranzsingen« die Rede. Männer wer-
ben um die Gunst einer Frau, und die schenkt
dem besten Sänger einen Kranz – und vielleicht ihr
Herz. In der Frühen Neuzeit, im 15. und 16. Jahrhundert, waren solche Gesangsspiele bei den
Handwerksburschen der Zünfte beliebt – allerdings in einer kniffligeren Variante: Sie sangen
Kranzlieder bei Tanzspielen und Rätselwettkämp-
fen. Die Gesellen tanzten Reigen, brachten Rätsel-
lieder dar und mussten diese Rätsel lösen, um den
Kranz der Jungfrauen zu gewinnen. Damals ver-
quickte sich die Lust am Rätsel und Spiel mit dem
Symbol des Kränzchens.

Theodor Hagen (1842–1919), »Die Familie des Künstlers im Garten«,
um 1905, Schlossmuseum Weimar

Karten- und Rätselkränzchen, Tanz- und Gesangskränzchen waren schon vor dem Dreißigjährigen Krieg bekannt und kamen danach nicht nur bei den Handwerkern und Stadtbürgern, sondern auch beim Adel richtig in Mode; auf Schützenfesten und beim Pfingstschießen ging der Siegerkranz reihum; wer die Ehre hatte, ihn zu tragen, hatte auch die Pflicht, das nächste Fest auszurichten. Im 19. Jahrhundert gab es sogar Turnkränzchen! Aber da hatte sich der Kranz auf dem Lande wie in der Stadt längst eingebürgert; bei

den einfachen Leuten wie in der Aristokratie galt er als Symbol für Zuneigung und Freundschaft und auch als Sinnbild für einen Kreis von Leuten, die miteinander feiern.

Und dann ist da noch der »Krug zum grünen Kranze«, das Trinklied der Bruderschaften aus dem Jahre 1812. Ähnlich wie der Besen der schwäbischen Besenwirtschaften und der Buschen der österreichischen Buschenschenken war der grüne Kranz schon früh das Symbol für das Wirtshaus: für die Männerwirtschaft, in der jeden Donnerstag, oder an welchem Tage auch immer, der Stammtisch tagt, wo man trinkt, singt und lacht. Schon sind wir bei der volkstümlichen Analogie, das Kaffeekränzchen sei der Stammtisch der Frauen. Die Wege der Geschichte sind jedoch weitaus vertrackter. Mit der Wirtshauskultur ist das Kränzchen weder verwandt noch verschwägert. Es ist, ideengeschichtlich betrachtet, vielmehr des gleichen Geistes Kind wie das bürgerliche Vereinswesen.

Lange Zeit war das Kränzchen unter Männern verbreiteter als bei den Damen. Es erlebte seinen ersten Boom während der Jugendbewegung des Sturm und Drang, in der Zeit des Vormärz, in Burschenschaften, Freimaurerlogen, studentischen Freicorps und Literatenzirkeln. Das war die Zeit der Französischen Revolution und ihrer Nachbeben. Die Zeit des Aufbegehrens gegen die Obrigkeit. Die Zeit, da sich die bürgerliche Gesellschaft formierte und doch auch angewiesen war auf einen geschützten Bereich, in dem sie sich, unbeschadet von eben dieser Obrigkeit, mit Gleichgesinnten austauschen konnte. Der Kranz versinnbildlichte Geschlossenheit und Zusammenhalt. Um 1750 gründeten sich in Deutschland immer mehr Freimaurerlogen, deren Mitglieder sich auf lebenslange Bruderschaft einschworen. Der Freimaurerorden der »Mosellaner« in Jena etwa besiegelte den Lebensbund seiner Ordensbrüder mit einem Kranz. Auch Goethe pflegte in Weimar ein Kränzchen, über das Friedrich Schiller 1801 an seinen Freund, den Schriftsteller Christian Gottfried Körner schreibt: »*Goethe hat eine Anzahl harmonierender Freunde zu einem Klub oder Kränzchen vereinigt, das alle vierzehn Tage zusammenkommt und soupiert. Es geht recht vergnügt dabei zu [...]; es wird fleißig gesungen und pokuliert.*« Damals erwachte das Mittelalter-Faible der Deutschen, und in Anspielung an die Herrenrunde des Alten Fritz in Sanssouci nannte Goethe sein Kränzchen »*Tafelrunde*«.

Anders als die Salons, die aristokratischen Ursprungs sind, waren gesellschaftliche Kränzchen im 19. Jahrhundert in allen Schichten des Bürgertums beliebt. Bei Handwerkern, Angestellten, besser- gestellten Arbeitern – dem Kleinbürgertum – ebenso wie in Gelehrten- und Kaufmannskreisen. Diese Kränzchen wirkten wie ein sicherer Hafen in einer turbulenten Zeit. Die Ordnung der vorrevolutionären Epoche war dahin, und wie immer, wenn alte Ordnungen sich auflösen, wird dies nicht nur begrüßt, sondern ruft auch Ängste hervor. Die Menschen waren daran gewöhnt, in Hierarchien zu leben; es hatte ehedem ein Oben und ein Unten gegeben, und man hatte gewusst, wohin man gehörte. Die Kirche und der fürstliche Hof, die

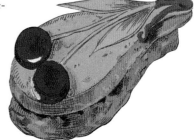

Alte Freundschaft rostet nicht,
Peter Philippi (1866–1958),
»Kaffeebesuch«, 1920

Obrigkeit und der Glaube hatten bis dato die Verhaltensweisen bestimmt. Jetzt lösten sich diese Muster auf – und man suchte Halt.

Wie verabredet man sich ohne Telefon?

Das 19. Jahrhundert war das Jahrhundert der deutschen Vereinsbegeisterung. In den Vereinen ließen sich die Interessen einer Gruppe mit dem Gefühl der Gemeinschaft verbinden. Das Bürgertum wollte seine Sache selbstbewusst vertreten – aber alleine dastehen wollte es nicht.

Verbindlich zu sein galt dazumal als Tugend. Nicht wenige Kaffeekränzchen gaben sich eine Satzung wie ein Verein. Diese Lust am Reglement war ein Überbleibsel des feudalistisch hierarchischen Lebensgefühls. Der Glaube an die bindende Kraft der Vorschriften wirkt auch aus heutiger Sicht noch durchaus nachvollziehbar: Die Vision von der Freundschaft fürs Leben, von Vertrauen und Verbindlichkeit, wollte symbolisch abgesichert sein. Das Ritual des immer wiederkehrenden Termins

schuf Vertrauen. Es gab ja noch kein Telefon. Verbindlich zu sein war nicht nur eine Zierde des Herzens, es war einfach praktisch. Freilich: Man konnte es auch übertreiben. Ein Benimmbuch von 1871 etwa stellt das Kaffeekränzchen unter Kuratel: *»Bei allen ›Reihe um‹ gehenden Zusammenkünften hüte man sich davor, den anderen überbieten zu wollen. Man stelle Statuten auf, Gesetze für Toilette, Bewirtung und Zeitpunkt des Zusammenkommens, deren Übertretung eventuell mit Geldstrafen geahndet wird.«* Die Manie, zu regeln und zu ordnen, unterschied das Kränzchen von den Salons und ihrer ungezwungenen Atmosphäre. Das satzungsverliebte geistige Erbe der Handwerker- und Burschenkränzchen nahm sich dagegen bieder aus. Und ausgerechnet dieser kleinbürgerliche Geist mit seiner Ordnungshuberei erschlich sich einen Platz auf den Kanapees der Damen!

Doch es gab ja noch den Freundschaftskult mit seiner mädchensüßen Poesie. Er hat das Ideal des Kränzchens mehr als alles andere inspiriert. Die Romantik und das Biedermeier und später das Fin de Siècle zelebrierten die Freundschaft durch das Gespräch, das empfindsame Gedicht und den zarten Brief, geschmückt mit Glanzbildchen von Kränzen aus Vergissmeinnicht. Auch der Freundschaftskult ist ein Kind der Sehnsuchtsepoche von

Empfindsamkeit und Sturm und Drang. Er versinnbildlichte den Traum von der Seelenverwandtschaft. Freundschaft wurde nicht als Selbstzweck empfunden, sondern als Bund Gleichgesinnter. Man half einander, den Charakter zu formen und den Kanon bürgerlicher Tugenden zu verfeinern. Man las sich Werke der schönen Literatur und der philosophischen Aufklärung vor, tauschte sich erregt darüber aus und nahm für das eigene Wesen an, was wertvoll und vorbildlich erschien. Diese Vorstellung von Freundschaft stand im Dienste einer höheren Idee: der Bürgerlichkeit.

Beispielgebend hierfür waren literarische Zirkel wie der »Göttinger Hainbund«, in dem sich Literatur- und Philosophiestudenten um den Dichter Friedrich Klopstock im Jahre 1772 zusammenfanden. Das einigende Band, der freundschaftliche Bund fürs Leben – die Jugend damals liebte es, ihre Ideale in symbolträchtige Bilder zu packen: »*Wahre jugendliche Freundschaft blühte unter ihnen empor*«, schreibt Sophie von La Roche in ihrem Roman »Fanny und Julia oder Die Freundinnen« 1801. Es gibt auch heute noch Kaffeekränzchen, die von der Schulmädchenzeit bis ins hohe Alter bestehen. Der Kranz als Evergreen der Verbundenheit, die nie ein Ende nimmt, passt dazu als Sinnbild wie der Schlagrahm zur Sachertorte.

»*Ich kann dir alle Blumen unseres schönen Kranzes oder
Kränzchens wie wir uns nennen, zur Orientierung vorführen.
Wir sind eine ganze Menge junger Knospen,
Rosenknospen natürlich, um bei dem Bilde eines Kranzes zu bleiben,
und das hoffnungsvolle Blättergrün, das uns umhüllt,
sind die tausend Wünsche und Erwartungen,
welche unsere thörichten Mädchenherzen erfüllen.*«

Clementine Helm: Das Kränzchen, 1875

Der Caffée-Baum.

»Ich habe da in dem Lustgärtchen eines Türken einen schönen Baum
gesehn, welcher gewöhnliche Körner erzeugt: sie nennen sie Bon.
Alle Araber und Ägypter stellen daraus einen schwarzen Trank her,
den sie an Stelle des Weines trinken und den sie auch, wie wir den Wein,
in öffentlichen Schenken verkaufen: sie benennen ihn dann Caova.«

Prosper Alpinus: De Plantis Aegypti Liber, 1592

D er Fremdling aus dem fernen Erdteil ist leicht wie eine Feder und zartgrün wie ein Jadestein. Doch wehe, man wirft ihn ins Feuer! Teuflisch schwarz machen ihn die Flammen, und ein Duft steigt empor wie ein Sog, berauschend, prickelnd, dunkel wie ein Spuk.

Ein Zauberding. Wie aus dem Nichts ist es zu uns gekommen, von weit, weit her. So wie all die anderen Dinge, die plötzlich von weit her zu uns kommen, über die Meere, von den Kontinenten, auf denen die Indianer leben oder die Mohren. Afrika. Der Kaffee kommt aus dem tropischen Afrika, aus dem Hochland Abessiniens, dem heutigen Äthiopien. Hier verströmten die weißen Blüten des Strauches zum ersten Mal ihr Parfüm, von hier eroberten seine Früchte die Menschheit. Noch heute wächst er dort wild, in seiner edelsten Art: *Coffea arabica*.

Wir schreiben das 16. Jahrhundert. Die Welt wird weit und groß. Noch nicht lange ist es her, da

hatte Kolumbus mit seinen Karavellen das südliche Amerika erreicht, San Salvador, Trinidad und das Delta des Orinoco. Jetzt setzt der Welthandel die Segel und sticht von überall her in See – nicht mehr nur von Venedig, Bordeaux und Marseille, von Sevilla und Lissabon, sondern auch von Bremen, Amsterdam und Liverpool. In den Häfen Europas werden nun säckeweise Pretiosen und Spezereien gelöscht, begierig begafft vom Volk und den Gesandten der Könige und Fürsten: blau-weißes Teeporzellan aus China, Kakaobohnen aus Mexiko, Gewürznelken von den Molukken. In alle vier Himmelsrichtungen brechen nun auch die Gelehrten auf, die exotischen Schätze der Ferne zu ergründen. Einer von ihnen ist der Augsburger Medicus Leonhart Rauwolff. Er macht sich 1573 auf den Weg; die Levante ist sein Ziel, die Länder des östlichen Mittelmeers. Als er drei Jahre später zurückkehrt, gibt er ein Buch in Druck: Die »Rayß

THÉ & CAFÉ

Charles Geoffrey (1819–1882), »Tea and Coffee«, 1847,
aus: »Les Fleurs Animées« (Die belebten Blumen), Bibliothèque
des Arts Decoratifs, Paris
unten: Martin Engelbrecht (1684–1756), »Die Kaffeeköchin«,
um 1735, Bibliothèque des Arts Decoratifs, Paris

tet delikat, es wärmt die Hände und das Herz und bringt den Geschäftsgeist der Kaufleute auf Trab. 1637 wird in einem holländischen Hafen der erste Rohkaffee in Europa gelöscht. Dann geht alles ganz schnell. Zwei Jahrzehnte reichen, um die Europäer wachzurütteln. Seit dem Jahr 1660 gibt es hierzulande keine bedeutende Hafenstadt mehr, die keine Kaffeeschenken hätte. Diese sind zumeist in Holzhütten untergebracht; auf dem Boden liegt Stroh, zwischen den Füßen der Kundschaft picken und gackern die Hühner. Niemand schert sich darum. Wichtig ist mit einem Mal nur dies: dass dieses neuartige Getränk die Seele erquickt, dass sich mit Kaffee leichter arbeiten und auch viel länger durchhalten lässt. Im Hafen von Marseille ankern im Winter die Sträflingsgaleeren aus Konstantinopel. Seit 1660 wird hier in größerem Stil mit Rohkaffee gehandelt; die Galeerenbrüder haben ihn säckeweise an Bord und verkaufen den Aufguss an Neugierige und Geschäftsleute. Das bringt auch die Straßenhändler auf Ideen bringt. Ein Holzkarren dient ihnen als Kaffeetheke. Manch Pfiffikus baut sich mit seiner »Caffeeambulance« neben den Marktweibern auf und schenkt auf dem Wochenmarkt zwischen Kohl und Rüben den Kaffee zur Probe aus.

In Venedig, nahe dem Rialto, stapeln sich in

Doctor Leonhart Rauwolffs in die Morgenlender«. Es ist das erste in Europa bekannte Buch über den Kaffee. Rauwolff schreibt, der »Chaube« sei »ein guet Getränk, nahe wie Dinten so schwartz«.

Die Ersten in Europa, denen der Kaffee wärmend und wohltuend die Kehlen hinunterrinnt, sind nicht unbedingt Könige und Kurtisanen. Es sind Kaufleute und Krämer. Bis zur Mitte des 17. Jahrhunderts lernen die Europäer den Kaffee vornehmlich an jenem Ort kennen, wo er zum ersten Mal den Boden ihres Landes berührt: im Hafenviertel. Dort, wo das Brackwasser gegen die Ufermauern klatscht, auf dem Kopfsteinpflaster der Kais, in Bretterbuden an Gassenecken, brodelt überm offenen Feuer der »Coffee« in Kupfer- und Messingkannen, aufgekocht nach türkischer Manier, brandig im Geschmack, wie von Tabak. Manch einer würzt ihn mit Anis. Das Getränk duf-

27

Feine Lebensart zur Gründerzeit: Bohnenkaffee konnten sich nun auch die Bürger leisten,
»Tengelmann's Kaffee-Geschäft«, Oberhausen, 1905

der »Fondaco dei Tedeschi« die aus Arabien eingeschifften Kaffeesäcke. Der »Fondaco« ist die Handelsniederlassung der deutschen Kaufleute in der Lagunenstadt; hier wickeln sie ihre Geschäfte mit dem neuen Luxusgut ab. Das *Frankfurter Journal* von 1686 druckt eine Anzeige: »*Hiermit wird jedermänniglich kund gethan, daß man bey Matthia Guaitta, Italiänern, im Nürnberger Hof allhier Chucholatte, Koffee und Erbe Te [...] in Kauff bekommen kan.*«

Es sind die Straßenhändler in den Hafen- und Handelsstädten, die den Ruf des Kaffees in alle Winde tragen. Zunächst kommen die ersten europäischen Kaffee-Schankläden nur in den Handels-, Messe- und Hafenstädten in Mode; die Italiener nennen sie *bottega*. Es geht Schlag auf Schlag: Venedig 1645, London 1652, Marseille 1654, Hamburg 1677, Wien 1683, Leipzig 1694, Nürnberg 1696.

Ein märchenhafter Aufstieg

Noch tritt »Monsieur Le Café« hauptsächlich in der Öffentlichkeit auf. Wer seine Bekanntschaft macht, verspürt eine kuriose Wirkung: »*Daß es ihnen Mut verleiht und ihren Geist stärkt*«, notiert der Humanist Philippe Sylvestre Dufour in seinem Buch »L' usage du Caphé, du Thé & du Chocolate« 1671. Ein heißes Getränk, das ist etwas Ungeheuerliches. Milch für die Kinder, ja, die kennt man, und auch den heißen Brei und die Biersuppe, die landauf, landab als Frühstück herhalten müssen. Aber Suppe und Brei kann man löffeln. Der Kaffee hingegen nimmt keine Rücksicht auf die empfindlichen Lippen. Man weiß nicht recht: Wie soll man diese kochend heiße Flüssigkeit handhaben? Niemand möchte zimperlich erscheinen und zugeben

müssen, dass er Angst hat, sich zu verbrennen: »*Daß man nur kleine Schlucke nimmt, hängt auch mit der Furcht zusammen, daß man sich verbrühen könnte*«, schreibt Dufour. Flugblätter und gelehrte Schriften wissen Rat: »*Dieser Tranck muß so warm, als mans leiden kan, getruncken werden, man nimmt auch wohl etwas Zucker darzu, weil er sonst zu herb und bitter ist, einige pflegen ein Drittheil Milch ins Schälchen zu thun, und also den Caffee vermischt zu trincken*«, berichtet Zedlers »Großes Universal Lexicon« aus Leipzig 1733.

Es dauert nicht lange, bis die Bürger den Kaffee schließlich auch zu Hause trinken. 1695 beschloss der Bremer Rat, auf den häuslichen Verbrauch von »Thoback, Thee, Coffe« eine Steuer zu erheben. Die Bremer Kaufmannschaft hatte bei ihren Geschäften mit London, Amsterdam und Wien das neue Statussymbol schätzen gelernt. Sicher: Es sind die »*ehrbaren Bürger*«, wie der Bremer Rat schreibt, die Handel treibende Oberschicht, weltgewandte und weit gereiste Kaufleute.

Bald ranken sich Mythen um den geheimnisumwitterten Trank. Er gibt Rätsel auf: Schwarz wie die Nacht ist er und macht die Gedanken hell. Heiß wie das Feuer ist er und kühlt den Kopf. Die Flammen, darin man ihn röstet, kitzeln sein Geheimnis hervor, jenen eigentümlichen Duft, »*lieblich und balsamisch*«, wie das »Universal Lexicon« schreibt. Dass der Kaffee aus Äthiopien stammt, gilt bald als erwiesen, doch wie er nach Arabien gekommen sein mag – darüber liegt der Schleier des Märchenhaften. Das Genre der Kaffeelegende ist eine tollkühne Mischung aus Tausendundeiner Nacht, Kara Ben Nemsi und göttlicher Heilsgeschichte. Von Ziegenhirten, Derwischen und dem Propheten Mohammed ist die Rede. Diesem sei, todkrank darniederliegend, vom Erzengel Gabriel höchstselbst eine Schale dampfenden Kaffees kredenzt worden. *Si non è vero, è ben trovato:* Wie sollte man sich die Ereignisse auch zusammenreimen, wenn sich die Spur des Kaffees von den abessinischen Hochlanden bis in die Hafenstädte Arabiens im Sande der Wüste verliert? Immerhin: Um 1450 zeichnet sich die Geschichte des Kaffees schon etwas deutlicher ab. Damals gediehen Arabica-Pflanzen aus Äthiopien in jemenitischen Plantagen. Von Aden und der Stadt Mocha am Roten Meer aus trieb man damit Handel. »*Viele 1000 Säcke*«, schreibt das »Universal Lexicon«, wurden »*von Cameelen ins Land getragen [...] mit der Caravana nach Aleppo, Damasco und andere Oerter*«, nach Mekka bis in den letzten Winkel des Osmanischen Reiches, den Balkan. 1604 kannte man das Getränk, »*schwarz wie der Schwarze Stein der Kaaba*« schon in Budapest.

Man sagte damals, die »Muselmanen« hätten der Welt das Kaffeehaus geschenkt. In ihren »*Tavernen ohne Wein*« ging es Tag und Nacht hoch her. Die Handlungsreisenden aus dem Abendland lernten dort eine sinnenfrohe Lebensart kennen: Männer hockten auf Diwanen, ließen die Wasserpfeife blubbern, ergötzten sich an Geschichtenerzählern, Tanzknaben und Bauchtänzerinnen, dazu erklang die Flöte. Nebenbei machte man in Geschäften. Das Wundermittel Kaffee ließ die widerstreitendsten Kräfte einander umarmen: Müßiggang und Geschäftssinn, Antriebslust und Dolcefarniente, gedanklicher Esprit und Wärme des Gemüts: Man trank ein paar Schlucke und – potztausend! – all dies ging plötzlich zusammen. Selbst Allah, der den Alkohol nicht leiden mag, war's zufrieden.

Der neueste Trend der Pariser Modenschau: »Café oriental«

Das Osmanische Reich rollte dem Kaffee den Orientteppich aus. Es hatte erkannt, welcher Kulturschatz in den kleinen Bohnen steckte. Jetzt musste nur noch einer kommen und der glamourverrücktesten Nation Europas das Kaffeetrinken beibringen. Wenn Paris dem Kaffee verfiele, würde dies bald mit ganz Europa geschehen. Und so kam es dann ja auch.

Am 5. Dezember des Jahres 1669 tritt Soliman Aga, Ambassadeur des Sultans Mahomet IV., vor den Thron König Ludwigs XIV. in Versailles. Der Herrscher des Morgenlandes wünscht mit dem Herrscher des Abendlandes in freundlichen Kontakt zu treten. Aga reicht Ludwig einen höchstfürstlichen Brief, glitzernd vor Gold – denn Mahomet pflegte die Tinte seiner Briefe mit Goldstaub zu trocknen. Unter der Hofgesellschaft von Versailles erhebt darob sich ein Raunen. Als Aga die ersten Einladungen in sein Pariser Quartier ausspricht, lässt sich das elegante Paris nicht lange bitten. Aga weiß, was er dieser von *Ennui* befallenen Gesellschaft schuldig ist. Er fährt die ganze Pracht des Orients auf, heißt die Herzöge und Grafen auf Polstern aus Seide Platz zu nehmen; für die Damen in ihren Reifröcken sind Diwane aus Samt reserviert. Ein süßer Nebel von Amber schwängert die Luft. Dunkelhäutige Sklaven tragen Tabletts herbei. In silbernen Schälchen dampft ein Getränk, schwarz wie Ebenholz. Paris kannte den Kaffee bisher nicht. Es wird dieses Getränk aufsaugen, als habe es jahrhundertelang nach einer neuen Droge des Amüsements gedürstet.

Seit Agas Auftritt avancierte das Kaffee trinken endgültig zum *dernier cri* in Paris. 1716 gab es in hier bereits 300 Cafés. Auch die anderen Fürsten Europas taumelten in eine »Turcomanie«: Sie sehnten sich nach der Wunderwelt des Orients, errichteten maurische Kioske für ihre Lustgärten, feierten Bälle in Haremsmanier; ihre Mätressen verkleideten sich als Sultaninnen, träumten in somnambulen Boudoirs und ließen sich von ihren Haus- und Hofmohren eine heiße Schokolade oder einen Kaffee mit etwas Zucker ans Bett bringen. Und natürlich trachtete jeder Fürst danach, eine eigene Kaffeeplantage zu besitzen: *»In Schlesien sind anno 1718 im Früh-Jahr in dem Hoch-Gräflichen Malmitzischen Garten im Glogauischen, etliche Coffee-Bohnen in die Erde gestecket worden, so aber nicht eher als im Frühjahr 1719 aufgegangen«*, berichtet das »Universal Lexicon«.

Auch die häusliche Kaffeekultur avancierte zu einem Muss. Wer zu jenen Auserwählten gehören wollte, die sich mit dem Fluidum aristokratischer Lebenskunst schmücken konnten, der hatte eine Rösttrommel in der Küche stehen und ein Säckchen Rohkaffee in der Speisekammer. Was als Einzelerscheinung begann, wurde innerhalb weniger Jahrzehnte zur Normalität: In den Wohnungen der Räte, Kaufleute, Händler, Beamten und Gelehrten zog nun des Morgens und zu nachmittäglicher Stunde ein exotischer Duft durch die Stuben – schwül wie eine Sommernacht, heiß wie das Fegefeuer und prickelnd wie Champagner.

»*Kaffee [...], eins der letzten culturgeschenke des orients an den occident*«

Jacob und Wilhelm Grimm: Deutsches Wörterbuch, 1854

»*Im übrigen lassen sich die Menschen in zwei Klassen einteilen:
diejenigen, die ins Café gehen und diejenigen, die nicht gehen.*«

Georges Courteline, franz. Schriftsteller und Feuilletonist, 1858 – 1929

Emanzipation und Öffentlichkeit sind die zwei Seiten einer Medaille; beide wurden durch den Kaffee geprägt. Die Geschichte des Kaffees ist auch eine Geschichte der Geschlechtertrennung: Der Mann emanzipierte sich als Bürger; er betrat das Kaffeehaus und trank dort seinen Mokka im Lichte der Öffentlichkeit. Die Frau blieb zu Hause. Wenn es stimmt, dass die frühen europäischen Kaffeehäuser die ersten Bühnen des öffentlichen Lebens waren, dann war das private Heim das Dunkel hinter den Kulissen.

Die Kultur des Kaffeetrinkens und die bürgerliche Gesellschaft haben sich ab 1650 parallel entwickelt. Um 1700, stärker noch ab 1750, trat beides bald in ganz Europa augenfällig zutage; in Deutschland wurde das 19. Jahrhundert beider Blütezeit. Das Samenkorn, aus dem die Knospe des bürgerlichen Standes ans Licht trat, hieß Bildung. Die frühen europäischen Kaffeehäuser waren Orte der Meinungsbildung; sie dürfen als Pars pro Toto jenes Netzwerkes betrachtet werden, das die noch dünne Schicht des städtischen Bürgertums knüpfte, um sich zu stabilisieren.

Man stelle sich Herren in Allongeperücke vor, Herren mit Dreispitz, Herren in Zylinder; sie sitzen an Marmortischen vor einer Theke aus Palisander, aus den Mokkatassen dampft es, man bestellt Limonade und Rosoglio-Likör und ein Maraschino-Sorbet. Die Herren heißen Voltaire, Marat, Robespierre, oder Dickens, Shaw und Wilde, oder Casanova und Goldoni, oder Grillparzer, Hofmannsthal und Schnitzler. Sie alle sind, wie Voltaire schreibt: »*Liebhaber der Literatur, Philosophen, Musiker, Maler, Dichter [...]. Gebildete*«. Die Literatur über das europäische Kaffeehaus ergeht sich nicht selten in einem weit ausgreifenden »namedropping«. Die Namen von Damen hingegen tauchen in diesem Gelehrtenklatsch nicht auf. Vom

Philibert Louis Debucourt (1755–1832), »The Cafe Frascati in 1807«,
Musée Carnavalet, Paris
links: Sir William Nicholson (1872–1949), »A Lady at Breakfast or Le Déjeuner de Marie«
(Frühstückende Dame oder Marie beim Frühstück), 1911, Privatsammlung

Pariser Café Procope, dem ersten Grand Café Europas, wird kolportiert, Damen von Stand hätten sich vor dessen Türe kutschieren lassen und ihre Lakaien geschickt, ein Schälchen Kaffee von drinnen für sie zu holen. Fürchteten die Herzoginnen um ihre Seidenschühchen? Die Straßen des »Ancien Paris« waren voll von Pferdeäpfeln. – Aber nein! Madame fürchtete um etwas ganz anderes: ihren Ruf als ehrbare Frau. Die Cafés jener Zeit waren von einem Bannkreis umgeben, und dieser Bann hielt sich bis weit in die zweite Hälfte des 19. Jahrhunderts hinein, und zwar in ganz Europa.

Ganz gleich, ob in Wien, Hamburg, London oder Paris – die Mahnung »Wir müssen leider draußen bleiben« galt für jede Frau, die nicht gegen die guten Sitten verstoßen und ins Gerede kommen wollte: *»Die Kellner der Cafés bieten einen der reizvollsten Anblicke des Palais Royal, wie sie sich, die Kaffeekanne in der Hand, zwischen den Tischen bewegen, an denen Modedämchen und Stutzer sitzen. [...] Dieser Teil des Gartens ist der einzige, in dem die Frauen verweilen, aber das Café betreten sie nie«*, berichtet Mayeur de Saint-Paul über das Pariser Café de Foy im Jahre 1749.

Was war das für eine Zeit, in
der man sich als Frau in der Öffentlichkeit nicht so
bewegen durfte, wie es für uns heute selbstverständlich ist?

Das Publikum, Neuling der europäischen Gesellschaft

Das Erstaunliche ist: Diese Epoche ist gar nicht so
lange her. Unsere Großmütter könnten noch davon
erzählen. Nicht nur waren die Verhaltensnormen
von Mann und Frau damals strikt unterschiedlich
– auch die Lebensbereiche waren es. Die Öffentlichkeit galt als der Wirkungsraum des Mannes,
das Private als jener der Frau. Und jetzt
wird es ein bisschen verzwickt: Um
»öffentlich« und »privat« zu unter-
scheiden, muss es so etwas wie
eine Öffentlichkeit überhaupt
erst einmal geben! Sie ist als
Phänomen genauso neuartig wie
das Kaffeehaus und das Stadttheater. Und genauso revolutionär. Wenn wir
heute von Public Relations sprechen, profitieren
wir von einer Kulturentwicklung, die vergleichsweise jung ist. Sie trat erst ab 1700 deutlich in Erscheinung und machte aus unserem Kulturraum das,
was man heute das »Alte Europa« nennt: ein dich-
tes Netz von Städten mit einer Fülle an prächtig
ausgestatteten öffentlichen Räumen, in denen sich
Menschen aller Klassen treffen, um sich eine Meinung zu bilden – sei es durch das Gespräch oder

*Die Dame des Hauses hatte selbstverständlich eine Perle, die den
Kaffee servierte. John Robert Dicksee (1817–1903), »The Waitress«
(Das Serviermädchen), 1872, Royal Pavilion Libraries & Museums,
Brighton & Hove*

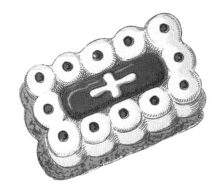

durch das Lesen von Zeitungen oder durch den Genuss einer Theateraufführung. »*Öffentlichkeit besteht aus privaten Individuen, die durch den freiwilligen Austausch von Ideen zusammengebracht werden*«, schreibt der englische Historiker Blanning. Freie Meinungsäußerung und öffentliches Diskutieren sind die Wesensmerkmale der bürgerlichen Gesellschaft. Ein anderer Name hierfür ist Publikum.

Kaffeehäuser und Stadttheater waren die Podien dieses neuen Publikums. Seit 1750 wurde das bürgerliche Publikum mehr und mehr zum selbstbewussten Akteur der europäischen Gesellschaft; es gewann in dem Maße an Stärke, wie die Städte wuchsen. Damals baute man die ersten städtischen Theater mit Foyers und großzügigen Treppenhäusern, in denen die Bürger flanieren und sich vor aller Welt zeigen konnten. Hier und in den Kaffeehäusern kam der Stadtmensch mit Publiziertem in Berührung: mit Gazetten, Journalen, Pamphleten, Theaterstücken – mit geistiger Nahrung für die Zivilgesellschaft. Bis heute gilt: Ein Kaffeehaus ohne Zeitungen ist ein Ort ohne Seele – und ohne Tradition. Seit dem 17. Jahrhundert erschienen in Europa die ersten regelmäßig publizierten Zeitungen, die *Nieuwe Tydinghe* in Antwerpen, die *Frankfurter Postzeitung*, die *Gazette de France*, die *Successi del Mondo* in Turin. In den ersten Kaffeehäusern lagen auch diese ersten europäischen Zeitungen aus, die sich die Männer aus den Händen rissen und in denen Dinge zu lesen standen, die man bis dato nicht gewusst, von de-

Titel des LIFE Magazine, 1911

nen man nicht einmal etwas geahnt hatte, und in denen heftig erörtert wurde, was die Obrigkeit trieb – und die Bürger umtrieb. Auch die Delegationen der Frankfurter Nationalversammlung in der Paulskirche 1848 hatten sich in den Cafés gebildet. Die Sache war also heiß wie frisch gebrühter Kaffee, und die Finger daran verbrannt hat sich letzten Endes die Obrigkeit. Denn wie die Geschichte gezeigt hat, lassen sich Bürger, die sich eine eigene Meinung bilden, selbst von einem König nicht mehr unbedingten Gehorsam abverlangen.

Das damalige Publikum war ein reines Männerpublikum. So dachte und fühlte man seinerzeit: Nur der Mann durchschreitet den weiten Raum des öffentlichen Lebens, den Gehstock schwingend, mit flatternden Rockschößen. Frauen durften nicht auf die Universität; sie durften nicht ins

Süße Augenblicke – und die Kassentheke diente als Anstandsbarriere,
»La belle limonadière« (Die schöne Limonadenverkäuferin), 1820,
Bibliothèque des Arts Décoratifs, Paris

Kontor, um sich ihr Brot zu verdienen – sie hatten sich nicht draußen herumzutreiben und deshalb brauchten sie auch keine Zeitung zu lesen – ihre politische Meinung war nicht gefragt. Wozu also ins Café?

Limonade, Likör und ein bisschen Liebe

Frauen verdingten sich in den Cafés als Serviermädchen und Kassiererinnen. Sie saßen hinter der Kassentheke und gaben als *belle limonadière* Anlass zu lyrischen Ergüssen: »*Sie hat ein Dekolleté wie eine englische Herzogin. Die Dame hinter der Theke muss*

hübsch sein«, notiert Edmund Texier 1852 in seinem »Tableau de Paris«. Kaffeehäuser hatten nicht nur auf den Geist eine belebende Wirkung. Sie waren Horte der Lustbarkeiten, nicht nur für die Demimonde. In die Schreibstuben der Stadträte regnete es anfangs Beschwerdebriefe, weil in »*denen Caffe-Häusern Leibes-Ergötzlichkeiten*« stattfanden, und die »*Doctores, Apotheker, Barbiere, Kauff-Leute und Studiosi Medicinae die lebendige Anatomi bey denen Caffée-Mägdens und schönen Auffwärterinnen*« mit den Händen griffen. »Pestilenzhäuser« seien diese Cafés, empörten sich die Zeitgenossen, nichts als Lasterhöhlen, durchwölkt von Tabak und dem Ungeist der Spielsucht. Immer wieder sahen sich die Ratsherren dazu veranlasst, mit Verbots-schreiben und Konzessionseinschränkungen den lockeren Lebenswandel zu zügeln. Ein Sendschreiben von 1744, »*worinnen die Coffee-Häuser nach der Policey betrachtet werden*«, berichtet von Gesindel, Spitzbuben, Spielern und »*Ködern der Wollust*« in den Leipziger Cafés. Bald machte ein neuer Ausdruck die Runde: »Caffee-Menscher«. In Amaranthes' »Frauenzimmer-Lexicon« steht, was das ist: »*… diejenigen verdächtigen und liederlichen Weibes-Bilder, so in denen Caffe-Häusern das anwesende Mannsvolck bedienen, und ihm alle willigen Dienste bezeugen.*«

Doch längst nicht alle Cafés waren Tümpel der Lasterhaftigkeit; der sensationslüsterne Leumund der einen oder andern Einrichtung war eine Erscheinung der frühen Kaffeehaus-Epoche. Ein paar Dezennien später, als die Kristalllüster und die Thonet-Stühle in den Grand Cafés Einzug hielten, war der zwielichtige Ruhm der Vorgänger-Etablissements längst Schnee von gestern. Doch die Angst der Frauen vor der üblen Nachrede blieb: Noch heute kennt man im Fränkischen den Ausdruck »das Mensch« für weibliche Personen, die ein bisschen anders als andere sind. Und weil sich niemand der Gefahr aussetzen möchte, so bezeichnet zu werden, beschieden sich die Damen eben mit dem, was für sie übrig blieb: Sie machten es sich mit ihren Freundinnen zu Hause im Wohnzimmer gemütlich.

»*Vor allem war die Frau als Tochter wie als Ehefrau der Autorität des Vaters und des Ehemanns unterstellt; sie unterstand einer Art Vormundschaft. Bürgerliches Individuum und (vor allem) verheiratete Frau waren scharf unterschieden.*«

Thomas Nipperdey: Deutsche Geschichte. 1866–1918, 1998

*»»Hole dir Hut und Tuch, Gretchen,
wir wollen einige Visiten machen!‹
sagte die Tante eines Tages,
und ich eilte ihrer Weisung zu folgen.«*

Clementine Helm: Backfischchen's Leiden und Freuden, 1868

Die jungen Fräulein ziehen sich ihr Sonntagskleid an, eine Wolltoilette mit Spitzenpasse, eine Haube mit Schleifen und ein Paar zarter Handschuhe. Sollte es regnen, so schürzen sie die Volants ihres Rocks mit kleinen Klammern sorgfältig auf, denn es sähe nicht schicklich aus, *»wenn nett gekleidete Damen die guten Kleider im Schmutze nachschleppten«*, wie Tante Ulrike mahnt. In der Erzählung »Backfischchen's Leiden und Freuden« schildert Clementine Helm die Erziehung eines Mädchens zur bürgerlichen »Jungfrau«. Grete ist noch ein Backfisch, ein Teenager des 19. Jahrhunderts, sie zählt keine 16 Jahre. Da sie auf dem Lande aufgewachsen ist, muss ihr nun die Tante in der großen Stadt den letzten Schliff als künftige Hausfrau angedeihen lassen. Ein Backfisch muss lernen, wie man sich als Repräsentantin des Gatten in einer häuslichen Gesellschaft *»mit Sitte und Anstand«* verhält. Doch wie viel

Herzklopfen war mit dieser neuen Rolle verbunden! Die Gewandtheit im Umgang sollte wie leichthin wirken und war doch nur mit Mühe zu erwerben: *»Der lebhafte Verkehr, den Tante Ulrike mit allen ihren Bekannten unterhielt, und die häufigen Gesellschaften, in welche sie nun auch mich einführte, verursachten mir Anfangs große Angst, und gaben Anlaß zu gar mancher Rüge von meiner lieben Tante Anstand«*, klagt das Backfischchen Grete.

Kaffeebesuche waren keine Kleinigkeit. Sie gehörten zum Repertoire der Konvention, waren ein Muss gesellschaftlichen Umgangs. Eine solche Visite konnte für die Gäste wie auch für die Dame des Hauses schon mal zur Bewährungsprobe werden, zumal für die jungen Mädchen aus gutem Hause, die Eheaspirantinnen und künftigen Hausfrauen. Eine Kaffeegesellschaft zu geben gehörte zur Sozialisation jeder höheren Tochter. Sie musste bei derlei Anlässen beweisen, dass sie

Die Zeit der Kinderspiele ist vorüber: Ein Mädchen und ein Backfisch üben Benimm,
Emile Alfred Dezaunay (1854–1940),
»Die Teestunde«, um 1900, Galerie L'Ergastere, Paris

die Kunst standesgemäßer, bürgerlich kultivierter Lebenshaltung beherrschte. Auch galt es, Distinktion zu wahren, ohne die Grenzen der Höflichkeit zu verletzen. Nicht jeder verkehrte mit jedem! Es war eine Ehre, als neues Mitglied in ein Kränzchen aufgenommen zu werden. Dies geschah nur durch die Empfehlung eines Mitglieds, zumal wenn es sich um eine freundschaftliche Runde handelte, die so vertraut miteinander umging, dass kleine Neckereien ebenso zum guten Ton gehörten wie die eine oder andere wohlmeinende Kritik durch die reiferen Kränzchen-Freundinnen.

Der Stil höfischer Kaffeegesellschaften wurde vor allem in den Residenzstädten vom Bürgertum, je nach Mitteln und Möglichkeiten, gerne nachgeahmt, und bald prägten die Kaffeevisiten das

Gesellschaftsleben eines Städtchens. Jede Hausfrau wusste: Anmut und Schicklichkeit ihrer Kaffeegeselligkeit würden auf das Renommee ihres Mannes zurückstrahlen, und so wählte sie ein Tischtuch aus Damast oder feinem Leinen, legte ein Deckchen aus Weißstickerei oder Spitze darüber und ließ den runden oder ovalen Wohnzimmertisch mit ihrem schönsten Porzellan eindecken. Dabei galt es, keineswegs zu protzen – beileibe, das hätte als unfein und einer Bürgersfrau unziemlich gegolten. Die Kunst, *»auf eine geschmackvolle und anständige Art ohne großen Aufwand zu bewirthen«,* war die Kür jeder Dame des Hauses, daran hielten sich die Frau Kommissionsrat und die Frau Obersteuerinspektor ebenso wie die Herzogin Anna Amalia von Sachsen-Weimar-Eisenach. Deren Mundkoch François le

Goullon hatte mit seinem Büchlein »Der elegante Theetisch« aus dem Jahre 1809 den Maßstab für derlei Zusammenkünfte vorgegeben.

Die Pflicht der Hausfrau – das Glück der Familie

Nach den napoleonischen Kriegen, im Biedermeier, kehrte allmählich ein solider Wohlstand in die Häuser ein. Ein beschauliches Leben mit pekuniär nicht allzu strapaziösen Geselligkeiten galt als erstrebenswert, aber doch galt es, den neuen Wohlstand durch gute Kontakte zu vermehren, die Aufstiegschancen boten – für den berufstätigen Gatten, für den studierenden Filius und für die Töchter des Hauses, die einmal eine gute Partie machen sollten. Man zeigte, dass man es zu etwas gebracht hatte, und gab sich doch fern von Verschwendungssucht und Effekthascherei. Die Kaffeeeinladung bot sich als ideale Bewirtungsform an; hier konnte die Hausfrau all die weiblichen Tugenden ausspielen, welche ihr die Konvention vorgab. Sie knüpfte gesellschaftlich viel versprechende Bande, kam ihrer Pflicht zu Gegeneinladungen nach und konnte sich dabei großzügig erweisen, ohne die Tugend der Sparsamkeit verraten zu müssen.

Hausfrau zu sein galt nicht nur als Berufung der Frau, sondern zunehmend auch als Beruf, und was die Hausfrau in den häuslichen vier Wänden tat, war von höchster Bedeutung für das Wohl und Wehe der Familie – wenn nicht gar für die bürgerliche Gesellschaft: »*Von der Hausfrau hängt ungemein viel ab; in den meisten Fällen der Wohlstand, ja, der Frieden und das Glück des häuslichen Lebens*«, schreibt Henriette Davidis 1863. Und das brachte man auch dem Töchterchen bei, durch Anschauung am Vorbild der Mutter, durch das Puppenspiel, durch Ratgeberliteratur und, nach Beendigung der Schule, im Mädchenpensionat.

Man nehme: nur vom Feinsten!

Nicht nur wegen mangelnder technischer Möglichkeiten war man damals weit davon entfernt,

Fünf Mädchen an einer Kaffeetafel, 1911

vakuumverpackten Industrie-filterkaffee durch eine Maschine tröpfeln zu lassen, in Henkelbecher zu gießen und ein paar aufgetaute Windbeutel aus der Discounter-Kühltruhe dazu zu servieren. Frau Hofzimmermeister Carl aus Berlin oder Frau Medizinalrat Brinkmann aus Rostock oder jede andere einigermaßen situierte Frau, ob Fräulein Klavierlehrerin oder höhere Tochter, konnte für ihre Kaffeeeinladung zwischen fünf verschiedenen Stilformen wählen. Benimm- und Kochbücher, wie jenes von Henriette Davidis, gaben den passenden Rahmen für jeden Anlass und Geldbeutel vor: Es gab den »kleinen, freundschaftlichen Kaffee« mit intimer, vertrauter Note; die etwas offiziellere »kleine Kaffeegesellschaft«; die hochmögende »große Kaffeegesellschaft«; die kurze »Kaffeevisite« am Vormittag und schließlich noch den unkomplizierten Jour fixe – eine vor allem im Berlin der 1920er-Jahre beliebte und als *très chic* empfundene Spielart des adeligen Salons.

Selbstverständlich wurde zu diesen Anlässen nur der beste Kaffee kredenzt, der sogenannte »Besuchskaffee«. Das war Bohnenkaffee der allerfeinsten Sorte und also damals ein Mokka aus Arabien. Er wurde kurz vor dem Servieren in der Küche geröstet, gemahlen und frisch aufgebrüht und, um den scheußlichen Kaffeesatz zu vermeiden, entweder durch Umschütten in eine vorgewärmte Kanne geklärt, oder man verwendete

Säckchen aus dem feinen Gewebe »Barchent«, die, mit Kaffeepulver gefüllt, einige Minuten in der Kanne verblieben. Im Alltag streckte man den Kaffee mit Surrogaten wie Zichorie, Feigen oder auch Malz. Nur im Württembergischen, so erzählt man sich dort, pflegte man eine gewisse Umkehrung der Verhältnisse: »Versteck den Bohnenkaffee, 's kommt B'such«, kursiert dort heute noch als Witzelei. Die exquisitesten Ratgeberbücher für Kaffee- und Teegesellschaften stammen aus der Feder sächsischer und Münchner Hofkonditoren und Köche: Goullons »Der elegante Theetisch« und Julius Rottenhöfers »Der elegante wohlservierte Kaffee- und Thee-Tisch« von 1864. Unerreicht in seinem streng-gütigen Tonfall bürgerlicher Jungfrauen-Pädagogik ist das Kochbuch der Henriette Davidis. Es erschien erstmals 1845 und beschreibt in seinen raschen Folgeauflagen bald auch Kaffeearrangements für die kleinbürgerlichen Haushalte. Davidis war zwar eine protestantische Pfarrerstochter, doch wenn es um repräsentative Gastlichkeit ging, konnte sie schwelgen wie ein Katholik beim Fastenbrechen. Man nehme: nur die gute Butter, den dicken Rahm und sehr viele Eier für den Kuchen.

Der unprätentiöse »kleine, freundschaftliche Kaffee« ähnelte am ehesten jenem Kaffeeklatsch, den unsere Großmütter und Mütter seit den Fünfzigerjahren pflegten. Man lud gerade so viele Freundinnen ein, wie um den Wohnzimmertisch bequem Platz fanden, und stellte für jede ein Gedeck mit Tasse und Untertasse sowie ein Desserttellerchen bereit. Stoffservietten mit handgesticktem Monogramm fehlten nicht, und auch nicht der Blumenstrauß in einer adretten Vase sowie das Schüsselchen mit Schlagsahne: *»Die Mitte des Tisches ziert ein feiner Napfkuchen«*, schreibt Davidis und fährt fort, *»bei diesen kleinen Kaffees wird nicht bedient – es wacht über dem Wohle der Gäste nur das liebende Auge der Hausfrau, die auch den Kaffee eingießt, falls nicht das Haustöchterchen dieses Amt versieht.«*

Alles *comme il faut*?

Steifer und förmlicher gestaltete sich die große Kaffeegesellschaft. Sie war die sparsamere Schwester des festlichen Diners, entbehrte jedoch keineswegs der behutsamsten Planung und tagelanger, sorgfältigster Vorbereitungen. Meist war sie für zwölf Personen gedacht. Es galt, genügend Stühle und Sofas zu arrangieren sowie diverse Salontischchen, eventuell sogar zwei Räumlichkeiten herzurichten, die ineinanderübergehen. Auf Beistell-

tischen ruhten Tabletts mit Tassen und Untertassen, Löffelchen, Gäbelchen und Kompottschälchen sowie Sahnekännchen und Zuckerschälchen aus Silber; es wurden nicht nur selbst gebackene Kuchen, sondern auch Torten vom Konditor, Kekse und Kleingebäck, warme Eiercremes und Eisbomben sowie Bowle oder ein »Bischoff« aus Pomeranzen und Rotwein gereicht. Selbstverständlich bediente nicht die Dame des Hauses, sondern, *comme il faut*, ein Servierfräulein, welches man, sofern man nicht sowieso schon eines hatte, eigens für diesen Anlass engagierte. Davidis wusste genauestens Bescheid über das sensible Beziehungsgeflecht in einer Stadt: *»Der sogenannte große Kaffee ist namentlich in Industrieorten heimisch und hat hier auch seine volle Berechtigung. Es wohnen hier Familien in den verschiedensten Vermögensverhältnissen und Einkommensstufen zusammen, sind genötigt, oberflächlich miteinander zu verkehren, und sind sich sozusagen ab und zu eine Einladung schuldig. Wem es nicht möglich ist, eine große Abendgesellschaft zu geben, dem gestattet sein Portemonnaie vielleicht im Laufe des Jahres zweimal einen großen Kaffee zu geben, zu dem auch die kleinste Beamtenfrau getrost selbst die Frau Generaldirektor einladen kann. Vorab sorge man für eine eingeübte Bedienung.«* Selbstverständlich musste zu solchen Ereignissen auch die Tochter des Hauses ran – eine bessere Gelegenheit, sich potenziellen Schwiegermüttern zu präsentieren, bot sich so oft nicht.

Für die Mädchen waren solche Kaffeegesellschaften ein Initiationsritus – das Eintrittsbillett in die Welt der Bräute und Ehehäfen. Kein Wunder, dass jeder Backfisch ein »kleines Visitenfieber« bekam, wenn der Mutter vom Lohndiener eine Einladung wie diese überbracht wurde: *»Eine Empfehlung von Frau Sanden, und sie läßt Frau Gerichtsrat Rohn und Fräulein Tochter auf Mittwoch um 4 1/2 Uhr zu einer Tasse Kaffee einladen.«* Die Mädchen waren sich sehr wohl darüber im Klaren, dass mit dem Betreten des Visitenzimmers vor den gestrengen Augen der älteren Damen ihr künftiges Schicksal zur Disposition stand. Würde man sie für tugendsam erachten? Würde es ihnen gelingen, nur dann zu sprechen, wenn man die Rede an sie richtete? Würden sie in ihren Auftritt eine wohlgefällige, nicht als Ausdruck von Keckheit auszulegende Natürlichkeit und Frische legen? Würden sie artig Konversation machen, sich gerade halten und ihre äußere und innere Erscheinung anmutig präsentieren?

Für die armen jungen Dinger war so ein Kränzchen ein Balanceakt aus Etikette und dem rechten Maß an Unverkünsteltheit. Wehe, man hatte kein Taschentuch, um sich dezent das Näschen zu putzen, wehe, die Handschuhe waren nicht picobello, und wehe, das Haar war nicht durch Scheitel und Schleife gebändigt! Das Allerschlimmste jedoch war Unpünktlichkeit.

Auch die Dame des Hauses war bei solchen Anlässen nervös, es stand nicht eben wenig auf dem Spiel: Die eingeladenen Freundinnen und Bekannten würden ihren Ehemännern schon berichten, ob die Frau Geheimrat zu repräsentieren verstünde. Was sie zu Hause tat, wurde draußen in der Welt genauestens registriert: *»Sehr brav, Gerda, wir haben uns nicht zu schämen brauchen«*, lobte auch der Senator Buddenbrook, nachdem seine Gattin die erste große Gesellschaft mit Bravour über die Bühne gebracht hatte.

»Die Eintretende war ein schlankes, feines Mädchen mit einem bleichen, aber sehr edlen Gesicht und dunklem Haar. Ihre Kleidung war von äußerster Einfachheit, aber so zierlich und sauber, daß ihre ohnehin schon anmuthige Erscheinung dadurch noch vortheilhafter hervorgehoben wurde. Sie trat mit leichten, raschen Schritten in den Kreis der jungen Mädchen, und indem sie ihre schmale Hand Bianca zum Gruß reichte, [...] bat sie mit leichtem Erröthen um Entschuldigung, daß sie habe warten lassen. ›Der Kaffee ist noch warm, liebe Kathi, so gar spät kommst du nicht‹, sagte Bianca, dem jungen Mädchen eine Tasse reichend.«

Clementine Helm: Das Kränzchen, 1875

»*In den Straßen [...] waren alle Fenster geöffnet, die Frauen hatten in den Visitenstuben rote und weiße Kissen ausgelegt und zahlreichen Damenbesuch empfangen, so daß fröhliche Kaffeegesellschaften aus dem Stegreif entstanden.*«

Gottfried Keller: Die drei gerechten Kammacher, 1856

Es ist schon fast ein kleines Wunder, dass der Kaffee, als er nach Europa kam, nicht sogleich wieder im Dunkel der Zeitläufte versickerte, denn das ideale Gefäß, ihn zu halten und zu kultivieren, gab es damals noch nicht. Zumindest nicht in jener Form, die uns heute als das Selbstverständlichste der Welt erscheint – die Porzellantasse mit dem fein geschwungenen Henkel. Diese hochwandige Tasse und der Henkel sind eine europäische Erfindung. Hätte man vor 400 Jahren im Heiligen Römischen Reich jemanden gefragt, was denn eine Kaffeetafel sei, hätte man wohl ein recht verdutztes Gesicht zur Antwort bekommen. Das Blümchenservice, die Zuckerdose, die Kaffeemühle waren damals selbst in der Welt der Höflinge noch vollkommen unbekannt. Und kein Mensch hatte eine Vorstellung davon, wie wohl eine Kaffeekanne auszusehen habe – auch sie musste erst erfunden werden. Man behalf sich für

den Anfang mit den althergebrachten, bewährten Dingen des Alltags: dem irdenen Krug für den Most, das Bier oder die Milch und mit den Deckelkannen aus Zinn oder Silber für den Wein. Auch das idealtypische Ensemble aus Sofa und ovalem Tisch mit den dazu passenden Stühlen, die verglaste Vitri-ne für das gute Service, ja, überhaupt das ganze wohnliche Esszimmer – all das galt es erst noch zu kreieren.

Der Kaffeeklatsch ist ein fein austariertes Arrangement aus vielerlei Zutaten, von denen keine fehlen darf, wollte man die wohldurchdachte Komposition nicht zerstören. Es sind diese Zuta-ten, dieses dekorative Beiwerk, das aus einem ein-fachen Mahl eine Besonderheit macht, ihm seine eigentümliche Ikonografie, seinen unverwechsel-baren Stil verleiht. Jedes Kaffeekränzchen hat sein eigenes Ambiente, sein ganz spezifisches Milieu. Tischkultur meint immer auch das Flair der Deko-

Die bürgerliche Palme als Sensationskulisse, R. Y. Young,
»A Gossip – With every sip a reputation dies«
(Damenkränzchen: Mit jedem Schluck stirbt ein guter Ruf), 1903,
American Stereoscopic Company, New York

ration wie überhaupt die besondere Atmosphäre eines solchen Moments. Ein Kaffeeklatsch braucht den Kaffee, so viel ist klar, er braucht auch das Backwerk, aber vielleicht mehr noch braucht er das zart schimmernde Porzellan, die edlen Accessoires, das angenehme Mobiliar und wohnliche Räumlichkeiten. Da all diese Dinge erst erdacht, entwickelt, hergestellt, beworben, verkauft und geliefert werden mussten, setzte dies einen wirtschaftlichen Kreislauf in Gang: Kaffee, Tee und Schokolade haben ganze Wirtschaftszweige aufblühen lassen, sie haben einen volkswirtschaftlichen Schub ausgelöst, der im 17. Jahrhundert begann, im 19. Jahrhundert an Schwung zulegte – und bis heute nichts von seiner Macht verloren hat. Der Kunsthistoriker Günther Schiedlausky schreibt in seiner eleganten Monografie »Tee, Kaffee, Schokolade« von dem *»umwälzenden Einfluss der drei Getränke auf Sitten und Gebräuche«.*

Mit diesen drei Getränken machte sich in den europäischen Haushalten ein Universum an neuen Gegenständen breit. Goethes Vater Johann Caspar führte in seinem »Liber domesticus« über diese neuen Anschaffungen Buch. In der Spanne von 1753 bis 1775 trieb er die Modernisierung seines wohlsituierten Haushalts am Großen Hirschgraben in Frankfurt am Main voran. Er erwarb Wasserkessel aus Kupfer, einen Krug für grünen

Tee, Teekannen aus Porzellan, Zuckerdosen und Löffel aus Silber, Tischdecken und Servietten, Service aus Steingut, Fayence und Meissener Porzellan, und schließlich ließ er noch Küche, Keller und Speisezimmer instand setzen.

Auch die Gelehrten bekamen damals einiges zu tun. Sie mussten für die Neuauflagen ihrer Lexika die neuen Gegenstände benennen und erklären. Die zweite Auflage von Amaranthes' »Frauenzimmer-Lexicon« aus dem Jahr 1739 listet bereits seitenweise neue Dinge auf: die »Caffée-Kanne«, das »Caffée-Näpfgen«, den »Caffée-Löffel«, die »Thée-Büchse« oder den »Caffée-Tisch«.

Europas Manufakturen expandierten. Jeder Haushalt, in dem Kaffee getrunken wurde, brauchte eine Rösttrommel und eine Kaffeemühle – und nicht zuletzt eine Kaffeekanne, an deren Griff man sich nicht gleich die Finger verbrannte. Die Stunde des europäischen Porzellans schlug im Jahre

Gar nicht bieder: Lebensart à la Biedermeier, Albrecht Adam,
»Eine junge Münchener Bürgersfrau genießt die Freuden des Kaffees«,
um 1825, Kunstbibliothek der Staatlichen Museen zu Berlin

der Erfindung des Porzellans gestorben, gründete August der Starke auf der Albrechtsburg zu Meißen die erste europäische Porzellanmanufaktur und machte Böttger zu ihrem Meister. Seither wurde nicht mehr nur Kaffee- und Teegeschirr aus Messing, Kupfer, Zinn und Silber, sondern auch aus Porzellan hergestellt. Bald wurde die »complette Garnitur« obligatorisch; der häusliche Wohlstand maß sich an der Stückzahl im Dutzend. Das Bürgertum hatte diese Sitte vom Adel übernommen. Sofern das familiäre Budget es zuließ, begnügte man sich nicht mehr mit Einzelstücken, man leistete sich das große Kaffee- und Speiseservice für zwölf Personen.

Auch außerhalb der aristokratischen Sphäre umfasste der Inbegriff feiner Gastlichkeit fürderhin nicht mehr nur die Speisen, sondern auch die Tischkultur. Ein Jahrhundert später holte sich die moderne Konsumentin ihre Anregungen aus der Zeitung. Im 19. Jahrhundert bestimmte nicht mehr, wie einst bei Goethes, der *pater familias* alleine, welche Dinge angeschafft werden sollten und welche nicht. Die Frau avancierte jetzt zur Managerin des Hauses. Sie trug die Mitverantwortung für die Haushaltsausgaben und wurde zum umworbenen Objekt der aufstrebenden Reklame-Industrie. Wenn das *Journal des Luxus und der Moden* ein neues Sitzmöbel oder ein entzückendes blau-weißes Kaffeeservice empfahl, besann sie sich ihrer Überredungskünste – und nicht zuletzt des klugen Ratschlusses der Henriette Davidis. Diese hatte 1874 in ihrem Buch »Beruf der Jungfrau« klipp und klar gemacht: *»Des Hauses Zier ist Reinlichkeit, Des Hauses Ehr' Gastfreundlichkeit.«*

1708; damals gelang Johann Friedrich Böttger und Walter von Tschirnhaus in den Kasematten der Dresdener Festung zum ersten Mal das in Europa Unmögliche: Sie kamen hinter das Geheimnis jenes rätselhaften Verfahrens, das bis dahin nur die Chinesen und Japaner beherrscht hatten und worum man sie glühend beneidete: die Herstellung von Porzellan. Zwei Jahre später, Tschirnhaus war kurz nach

Tellerbord mit englischem Steingutservice, »Der pommersche Schiffskapitän Johann Borgwardt (1836–1924) und seine Frau in ihrer Küche«, Foto, um 1914

»Teuerste, darf ich Sie in die gute Stube bitten?«

Beneidenswert die Dame, deren Gatte so viel verdiente, dass sie dem Kaffeegenuss ein eigenes Zimmer widmen konnte. Wann genau die Visitenstube in Mode kam, lässt sich nicht exakt aufs Jahr zurückverfolgen – doch gegen Ende des 18. Jahrhunderts gab es sie bereits in solcher Zahl, dass man in landesfürstlichen Erhebungen über sie berichtete und erste Klagen laut wurden, welche Verschwendung an Geld diese doch mit sich brächten. Der Pfarrer Johann Heinrich Reß (1723–1803) befasste sich im Jahre 1780 mit einer Erhebung der Königlichen Landwirthschaftsgesellschaft zu Celle, die sich der drängenden Frage widmete: »*Was hat der itzige häufige Gebrauch des Kaffees für merkliche und sichtbare Veränderungen im oeconomischen Zustande der Menschen bisher gewirkt?*« Reß lässt sich in seinem Aufsatz über die neuen Konsumgewohnheiten aus und kommt zu dem Schluss, die Einrichtung von Besuchszimmern verdanke sich dem Kaffee, weil man sie nicht eher gebraucht habe, »*als bis es anfieng, zur guten Lebensart zu gehören, daß wenigstens die Hausfrau Kaffeebesuch annahm*«.

Diese Hausfrau konnte auch eine Bäuerin sein. Mit der Theorie der kulturellen Schwundstufe – was dem Adel beliebt, gefällt früher oder später auch den Unterschichten – lässt sich die Entwicklung der Kaffeekultur nicht so einfach erklären. 1818 war das Visitemachen bei den Bäuerinnen im niedersächsischen Artland bereits soweit eingebürgert, dass sie wie selbstverständlich dafür die gute Stube nutzten und Bohnenkaffee

in Porzellantassen servierten. Es gab auch damals schon reiche Bauern, und diese »besitzbäuerliche Schicht«, wie es ein Wissenschaftler einmal ausdrückte, konnte sich die Anschaffung eines Porzellanservices und einer Kaffeekanne aus Messing allemal eher leisten als eine kleine Volksschullehrerfamilie in der Stadt.

Das Visitenzimmer des gehobenen Bürgertums freilich putzte sich modischer heraus: »*In dem freundlichen Eßzimmer, welches auch durch eine Schiebwand vergrößert werden kann, sind Gemählde von Gemüß- und Obstarten, von Vögeln, Wild und Fischen [...]. In den Wandschränken des anstoßenden Zimmers ist jedes nöthige Tischgeräthe. Ich fand alles ohne Pracht so gut, so zum wahren Lebensgenuß geeignet*«, schreibt Sophie von La Roche 1805 in ihrer Erzählung »Herbsttage«. Wer es sich leisten konnte,

Frühform des modernen Wohnens, Eduard Gaertner (1801–1877),
»Toilettekammer in der Wohnung des Prinzen Wilhelm und der Prinzessin Marianne
im Königlichen Schloss, Berlin 1849«, Stiftung Stadtmuseum, Berlin

schmückte die Wände des Besuchszimmers mit Landschaftstapeten, und so schaute man, während man Rosen-Gefrorenes mit Biskuit löffelte, auf liebliche Flusslandschaften oder auf die Schweizer Berge mit ihren schneebezuckerten Gipfeln.

Zum behaglichen Flair trugen unbedingt auch die Objekte der Erinnerungskultur bei – Kupferstiche, Porträts, Bücher mit freundschaftlicher Widmung, Nippes und Figürchen auf Simsen und Borden. Das Bürgertum definierte den Begriff Wohnen neu: Persönliche Gefühlswelt und Repräsentation waren kein Widerspruch. Man hatte es gern komfortabel und von guter Machart, gleichzeitig sollten die Dinge des täglichen Gebrauchs eine harmonische Atmosphäre schaffen und die Gemüter in helle Stimmung versetzen. Eine Symbiose aus Natürlichkeit und Kunstfertigkeit galt als Einrichtungsideal. Die ersten Zimmerpflanzen hielten Einzug: Efeuranken etwa oder Dekorationszweige für das Vogelbauer oder später, im Historismus, die berühmt-berüchtigte bürgerliche Palme als dramatische Kulisse fürs Grammophon.

Die »laufenden Stühle«

Das Wohnzimmer ist eine Erfindung des Biedermeier. Hier traf sich die Familie zum Lesen, Spielen, Musizieren, Handarbeiten und Kaffeetrinken. War das Salär des Gatten zu spärlich für ein Speisezimmer oder eine Visitenstube, empfing die Hausfrau ihre Gäste im Wohnzimmer. Wie zeitlos der Stil des Biedermeier bis heute wirkt, zeigt sich

an den Wohninseln, die damals in Mode kamen. Man hatte es gern, wenn ein Zimmer unterschiedlichen Funktionen genügte, und so schuf man Nischen und Ecken für die jeweiligen Bedürfnisse: Ein Ensemble aus Handarbeitstischchen und Stuhl stand am Fenster, der Schreibschrank in einer lichten Ecke, das Sofa mit Lesetisch an einer Wand und der runde Esstisch in der Mitte.

Überall gab es genügend Stühle, die so leicht waren, dass man sie rücken konnte, und die zugleich formschön und solide aussahen. Sie mussten grazil wirken, durften nichts Wuchtiges an sich haben, damit die zierliche Anmutung der Einrichtung nicht ins Wanken geriet. Keine Stuhlform hat diese Anforderungen so ideal erfüllt wie die *chaises courantes*, die »Laufstühle« des Biedermeier. Man konnte sie hin und her tragen und im ganzen Hause nutzen; sie mussten nicht eins zu eins zu den Möbeln im Gelben Salon oder im Landschaftszimmer passen. Damals entwickelten die Manufakturen in England und insbesondere in Wien den gepolsterten Federkern – Cousine Pfiffi oder die Tante Dete saßen da gleich noch einmal so gerne beim Kaffee.

Gleichfalls in Mode kam der Kaffeetisch, den wir uns wiederum von Amaranthes erklären lassen: *»Ist ein kleiner ovaler laccirter Tisch auf einem niedrigen Gestelle stehend, an welchem man das Oberblat ein- und ausschlagen kan, worauf man den Caffée zu trincken pfleget.«* Den Klapptisch hat also nicht Ikea erfunden, sondern er war schon weit vor dem Biedermeier zunächst in England und später auf dem Kontinent bekannt. Fehlt noch etwas in unserem Idyll? Unbedingt! Es fehlt das Sofa, besser gesagt: das Kanapee. Erst sagte man Diwan dazu – das türkische Sitzmöbel aus übereinandergelegten Polstern kam mit der Turcomanie des Rokoko nach Europa. Bald sagte jedermann Kanapee dazu, was aus dem Griechischen kommt und ursprünglich ein Himmelbett mit Mückenschleier bezeichnete. Im Biedermeier war das Kanapee ein Sofa mit Rücken- und Armlehnen aus Holz. Um den Absatz anzukurbeln, hatten die Hersteller in ihren Reklameschriften auf das Wort »Canapé« zurückgegriffen – das klang chic und weltläufig. Der Name Sofa wurde erst im 19. Jahrhundert weithin gebräuchlich; er stammt aus dem Arabischen und bedeutet Ruhebank.

»Zur Kaffeegesellschaft deckt man einen runden oder ovalen Salontisch vor einem Sofaetablissement«, empfiehlt Frau von Wedell in ihrem Büchlein »Wie soll ich mich benehmen?« von 1871. Im gleichen Atemzug nennt die adelige Benimmdame das *»Porzellangeflecht in Meißenergeschmack«*, welches man zum Anrichten der Tortenstücke benötigte. Frau von Wedell und alle Damen nach ihr, die der Generation unserer Großmütter angehören, bewahrten ihr gutes Meissener in einem Vitrinenschrank auf, dessen Glasscheiben das Dienstmädchen mit Zeitungspapier polieren musste, damit sie immer schön glänzten.

»Eine Bürgers-Frau, modern gekleidet, sitzt behaglich auf einem Canapé, Sofa von den Türken genannt, und trinkt Café. Silberne Kannen und ein Zuckergefäß, zierlich nach dem neuesten Geschmacke verfertiget, stehen auf einem Tische.«

Felix von Lipowsky: National-Costueme des Koenigreiches Bayern, Bildunterschrift zu Albrecht Adams Gemälde »Eine moderne junge Frau von München« von 1825/26, 1971

*»Und wer hindert uns, unsere Talente
der Welt anzubieten, zu malen,
zu musizieren und zu schriftstellern?
Wer tadelt uns deshalb,
so lange wir dabei in den Grenzen
der Weiblichkeit bleiben?«*

Clementine Helm: Das Kränzchen, 1875

U m das Jahr 1700 gab es in London fast 3000 Kaffeehäuser. Das Marine Coffee House, das Jerusalem Coffee House, Tom's Coffee House, und wie sie alle hießen, machten diese Stadt, lange noch vor Wien, zur europäischen Kapitale der Kaffeehauskultur. Das Bemerkenswerte daran ist nicht unbedingt die hohe Zahl; interessanter ist vielmehr ein Stück Papier, das 1674 in einem dieser Häuser aushing und auf dem geschrieben stand: *»Der Eintritt, meine Herren, steht jedem frei. Doch beachten Sie, bitte, zunächst unsere Verhaltensregeln.«* Diese Hausordnung trug die Überschrift *»Civil-Orders«* – Regeln für Bürger. Die Herren sollten in gedämpftem Tonfall miteinander sprechen, sich angeregt unterhalten, jedoch keinesfalls streiten. Dies ist die erste, uns bekannte, öffentlich gemachte Benimmregel für eine Kaffeegesellschaft.

Es ist noch nicht lange her, da war in einem Museum bei Stuttgart eine Ausstellung über den Kaffeeklatsch zu sehen; ihr ging ein Aufruf in einer Tageszeitung voraus, es mögen sich Zeitgenossen melden, die etwas vom Kaffeeklatsch verstünden. Die Anzeige brach eine Lawine los. Liebesbriefe an den Kaffee (so etwas soll es geben!), Gedichte, Fotos von Kaffeekränzchen und Bastelarbeiten aus Filtertüten stapelten sich auf dem Schreibtisch der Ausstellungsmacher, und nicht wenige enthusiasmierte Damen meldeten sich per Telefon oder sprachen gleich höchstpersönlich im Museum vor, um ihre Kaffeekränzchen-Geschichten zum Besten zu geben. Die Damen waren von der Sorte mit Kostüm und Hütchen, und sie wussten nicht nur über die Vorzüge dieser oder jener Kaffeefilter-Methode höchst anschaulich zu fachsimpeln. Bemerkenswert genug war, dass sie immer wieder auch gewisse Regeln erwähnten, die sie sich in

*Julien Romain Bernard (1802–1871), »Dame beim Kaffeetrinken«,
um 1855, Johann Jacobs Museum, Zürich*

und philosophischen Zirkeln diskutiert
worden. Was man dort als vorbildlich
erachtete, floss in die schöne Literatur
und in die moralischen Wochenschrif-
ten ein, auch in die Journale und
Benimmbücher für die bürgerlichen
Haushalte. Frauen haben in ihren Lesekränzchen solche Schriften eifrig her-
umgereicht: *»Zweckmäßig ist es, wenn
bestimmte Unterhaltungen, z. B. französische Lektüre und Konversation, Lesen
mit verteilten Rollen, vorgenommen werden«*, rät
Benimmfrau von Wedell in ihrem Büchlein anno
1871. Eine der einflussreichsten Autorinnen des
18. Jahrhunderts war Sophie von La Roche (1731–
1807). Sie wurde in Kaufbeuren als Tochter eines
Arztes geboren und starb in Offenbach als Witwe
eines Kurmainzer Hofrates. Als begünstigtes Kind
ihrer Zeit legte die La Roche eine erstaunliche
Frauenkarriere hin, von der höheren Tochter zur
Gattin eines Staatsbeamten. Durch ihre Heirat
gehorchte sie der klassisch bürgerlichen Konvention, übertraf diese jedoch durch ihre schriftstiri-
sche Tätigkeit und ihre Erfolge als Herausgeberin.
Sie war die Großmama von Clemens und Bettine
Brentano und eine Freundin Christoph Martin
Wielands. Auch in Goethes Kränzchen war sie zu
Gast. Dass sie mit ihrem Roman »Geschichte des
Fräuleins von Sternheim« zur meistgelesenen
deutschsprachigen Schriftstellerin des 18. Jahr-
hunderts avancierte, passt in das Bild einer idealtypischen bildungsbürgerlichen Frauenvita der
Aufklärungszeit.

ihren Kränzchen auferlegt hatten: *»Wir versuchen,
die Gespräche so zu gestalten, dass nur eine spricht und
die anderen zuhören, was nicht immer gelingt.«* Eine der
Damen beschied kategorisch: *»Wir nennen uns zwar
›Kaffeeklatsch‹, doch wir klatschen nicht. Wir haben
andere Inhalte. Wir tasten die Privatsphäre nicht an.«*

Die Herrenrunden in den Londoner *Coffee
Houses* waren der Testfall für einen neuartigen,
wohltemperierten Umgangston, der noch 400
Jahre später in Stuttgart zu hören sein sollte.
Glaubt man den Damen – und gäbe es Gründe,
diesen wohlerzogenen Kränzchenschwestern kei-
nen Glauben zu schenken? –, so scheint das
Gespräch bei einer Tasse Kaffee auch in unseren
Tagen mehr oder weniger einem höheren Zweck
unterworfen. Es trägt in sich das Ideal bildungsbür-
gerlicher Geselligkeit: das gepflegte Gespräch als
Ausdruck von Contenance und Herzensbildung.

Die Vorstellung, was ein »ziviler« Charakter
sei, war im 18. Jahrhundert in den literarischen

Ernst bei der Sache, heiter im Ton

Sophie von La Roche hat uns die erste ausführlichere Schilderung eines Kaffeekränzchens im 18. Jahrhundert überliefert. Auch ihre erbaulichen Schriften und Briefromane sind ein Fundus für die Vision gebildeter Geselligkeit, die damals als erstrebenswert galt und noch heute unser Bild vom kultivierten Kaffeekränzchen prägt. La Roches Briefroman »Rosalie und Cleberg auf dem Lande« ist eine Hymne an die Kränzchenkultur: »*Ich bin in verschiedene Cirkel aufgenommen, und genieße [...] die edelsten Freuden*«, jubiliert die Heldin in einem Brief an ihre Freundin Marianne. Rosalie und ihren Gatten Cleberg hat es in ein Städtchen auf dem Lande verschlagen. Nun müssen die beiden sich gesellschaftlich etablieren: »*Sonntags Nachmittags den Thee im Pfarrhaus trinken, so sprächen wir von religiösen Gegenständen, den Schulen, den Armen und Kranken. Dienstags Vorlesung der Naturlehre und Thee bei Sand. An Nachmittagen, wo wir zu Haus bleiben, können Freunde zu uns kommen [...], so machen wir Musik, besehen Kupferstiche, durchblättern, lesen und tadeln neue Bücher, [...] so werden wir abwechselnde Ergötzungen des Verstandes und Herzens genießen.*«

Charakter und Geist, Bildung und Geselligkeit sollten harmonisch ineinanderwirken. Das

Fluidum frisch aufgebrühten Tees und Kaffees schien dafür die kongeniale Zutat. Beiden Getränken verdankt sich jene wache Aufmerksamkeit und heitere Grundhaltung, die derlei Treffen adelte: »*Wir haben glücklich den Punkt der Zerstreuung erreicht, die angeborne Heiterkeit wird die Oberhand gewinnen*«, lobt Cleberg seine Gattin Rosalie.

Natürlich: Das sind Idealvorstellungen. Wie die Koch-Shows im Fernsehen, wie die zum Anbeißen prächtigen Fotos in unseren Hochglanz-Kochbüchern, sind auch diese historischen Schilderungen Ausdruck von Wünschen und Idealisierungen. Die Wirklichkeit von einst können wir nur bedingt fassen. Aber wir können vermuten, dass diese Sehnsüchte damals als drängend empfunden wurden. Die moralischen Schriften waren keine Place-

Zeit der Empfindsamkeit, Arthur Hughes (1832–1915),
»Taking Tea in the Drawing Room« (Teestunde im Salon), Privatsammlung, London

bos. Sie waren Vorbilder. Man suchte nach Handlungsmaximen. Die Zeit des Neuhumanismus und der Klassik formte den Typus des deutschen Bildungsbürgers. Der Mensch galt als schön, dessen Charakter von Humanität, Fleiß, Disziplin und einer ernsthaften Hingabe an die Bildung und an die Künste, an das geschriebene und gesprochene Wort durchdrungen war. Die innere Schönheit, so hoffte man, würde sich in einem anmutigen Äußeren wiederfinden. Als Königsweg zur Entfaltung der Persönlichkeit galt das Gespräch.

Goethe gab in »Wilhelm Meisters Lehrjahre« diesem Idealwesen einen Namen: die »schöne Seele«. Und welche Frau von Geist und Tugend wollte dazumal keine schöne Seele sein! Allein: Die Kunst des geistreichen, nach allen Seiten hin freundlichen, feinsinnig geführten Gesprächs erwarb man sich nur durch immerwährendes Üben. In den regelmäßig wiederkehrenden Kränzchen und Zirkeln ließ sie sich rasch und sicher verinnerlichen.

In den Benimmbüchern unserer Großmütter ist oft von dem »geeigneten Tonfall« die Rede, der eines Kränzchens würdig sei. Die schöne Seele spricht schön. Sie schlägt einen »zärtlich rührenden Ton« an, untermalt ihre Erzählungen »mit der Farbe der heitersten Freude«. Ihr Sprechen dient der »Gemüts-Erholung«. Sie ist aufrichtig und heuchelt weder Frömmigkeit noch Interesse. Ihre Rede macht keine Umschweife, »welche zum schön sprechen unnöthig seyen«, wie Rosalie, alias Sophie von La Roche, befindet. Was die schöne Seele auch immer zu sagen habe, erfreue das Herz.

Erziehung des Herzens

Die schöne Seele wusste aber auch: Jede Frau bedarf zur Vervollkommnung ihres Charakters einer wohlmeinenden, erfahrenen Freundin und deren liebevollen Tadels. Geriet das Kränzchengespräch aus den Fugen, griff die ältere Freundin ein und brachte alles ins Lot. Kränzchen konnten durchaus auch in Manöverkritik ausarten: »Dann müssen sie nach der Reihe sagen, was sie anderswo an ihren Freundinnen loben und aussetzen gehört, Erläuterungen geben, und alle sind gehalten eine, jede alle zu verteidigen«, empfiehlt Madame La Roche. Zarter besaitete Naturen konnten auf diese Weise in den Kränzchen lernen, wie man sich ein dickeres Fell zulegte. Nicht nur die Schönheit, auch die schöne Seele musste leiden, sonst wurde das nichts mit dem edlen Charakter. Solcherart mit Napfkuchen versüßte éducation sentimentale trieb den Frauen jeglichen Anflug von Mimosenhaftigkeit aus. In ihrer Erzählung »Das Kränzchen« entwirft Clementine Helm das Modell einer bildungsbeflissenen Damenrunde. Nachdem der Kaffeetisch abgeräumt ist, lässt sie Bianca, die Präsidentin des Zirkels, das Wort ergreifen: »Ehe wir zu der Fortsetzung unserer am vorigen Mittwoch begonnenen Novelle zurückkehren, stelle ich als Vorsitzende unseres Kränzchens die Frage, ob jemand unseres Kreises vielleicht etwas zur Unterhaltung mitgebracht hat. Doch erinnere ich zuvor daran, daß unsre Kritik nur der Sache gilt. Deshalb ist Empfindlichkeit uns allen fremd und Kränkung ein unbekannter Gast unseres Kreises.« Die Kränzchendamen trugen zwar Samthandschu-

Fleiß galt als der Frauen Zier: Beim Kränzchen wurde meist auch gehandarbeitet, Nils A. Larsson (1872–1914), »Nähstunde«, Christie's, New York

he, doch im Gespräch fassten sie einander nicht unbedingt damit an.

Bildung als Fundament der bürgerlichen Gesprächskultur leistete dereinst zweierlei: dem Bürger als Stand verhalf sie zu Selbstbewusstsein; der Frau zeigte sie Möglichkeiten der Teilhabe auf. Lesen und das Gelesene im Gespräch zu vertiefen sollte einen Geistesadel hervorbringen. Der Bildungsbürger sah sich auf dieser Ebene gleichberechtigt neben dem Geburtsadel. Eine neue Oberschicht aus Beamten-, Gelehrten- und wirtschaftsbürgerlichen Kreisen hatte dieses Ideal vorangetrieben; ihr Respekt galt dem »gebildeten Laien«, dem auf hohem Niveau in allerlei Künsten und Wissenschaften mit Herz und Verve sich tummelnden Dilettanten.

Die schöngeistigen Gespräche am Kaffeetisch und die Lesekränzchen ersetzten den Frauen das offizielle Studium. Im 18. und 19. Jahrhundert wuchs die Einsicht, eine gute Allgemeinbildung sei der Zierde der Frau möglicherweise doch nicht abträglich. Nur sollte es keineswegs ein Zuviel an Bildung sein. Schließlich mochte Herr Assessor keinen Blaustrumpf neben sich haben. Klavier spielen, Französisch parlieren, ein wenig in Gartenkunde und Botanik dilettieren und sich an schöner Literatur ergötzen galt als feminin und gesellschaftlich repräsen-

tabel. Dies alles diente nicht dem Selbstzweck, sondern der Bildung des Charakters und der Seele. Doch es steckte auch den Rahmen ab, innerhalb dessen die Weiblichkeit ein Stück weit mit der großen Welt der Wissenschaften auf Tuchfühlung gehen konnte. Selbst so erfolgreiche, sendungsbewusste Schriftstellerinnen wie die La Roche schrieben in einer Manier, die den Frauen keine Flausen in den Kopf setzte. Die *»Pfade der Wahrheit«*, so nannte sie es, sollten *»mit Blumen bestreut«* sein. Lesekränzchen galten als harmlos und pädagogisch wertvoll. Da lernten die Frauen, gescheit zu konversieren, ohne das Korsett der Konvention zu zerreißen.

Wenn aber doch mal eine ausscherte aus diesem Weibchenschema, konnte das schon eine Migräne hervorrufen. Der goldene Käfig der Bildung ließ den Damen Bewegungsfreiheit im Innern, doch flügge zu werden, das Türchen zu öffnen machte bange. Die Spiegelung durch die Freundinnen sicherte den Status quo. Einerseits hob sie die Vorzüge des weiblichen Charakters ans Licht, andererseits domestizierte sie die ungestüm hervorbrechenden, undamenhaften Anwandlungen der Backfische. Als Nonplusultra an Undamenhaftigkeit galt bis Ende des 19. Jahrhunderts die Emanzipation. Selbst in etablierten Kreisen war allein der Gedanke an dieses Wort so nerverschütternd wie ein Schwarm Wespen, der zur Landung auf einem Zwetschgenkuchen ansetzt. Doch es ließ sich nicht leugnen: Der Stachel des Aufruhrs saß damals bereits im Fleische des braven Bürgers. Die frühe Frauenbewegung begann sich im wilhelminischen Kaiserreich zu etablieren. Und Clementine Helm stocherte mit ihrem Buch »Das Kränzchen« für damalige Verhältnisse erstaunlich hartnäckig und harsch in dieser Wunde herum. In ihrer Erzählung liefern sich zwei Backfische, Paula Frommberg und Katharine Bischoff, ein sich über mehrere Seiten hinziehendes und bei aller wohlerzogenen Wortwahl beinahe erbittertes Rededuell. Paula ist in der Kränzchenrunde als »*die Emancipirte*« verschrien; sie gilt als Heißsporn, weil sie

sich nicht zu »*den Vertretern der lammherzigen Weiblichkeit*« rechnen lassen möchte. Katharine sieht sich in der Pflicht, ihrer Freundin den Hitzkopf zu waschen: »*Ich kann mir nicht helfen, Paula, diese Ansichten scheinen mir in der That nicht die richtigen zu sein, wie sie sich für eine Frau passen.*« Paula lässt sich nicht beirren: »*Aha, da liegt's eben! Die Grenzen der Weiblichkeit! Das ist das beliebte Stichwort für alle Angriffe auf unser Thun und Treiben. Aber wer zieht diese Grenzen? Doch eben niemand anderes, als die Herren der Schöpfung.*« Der Disput endete unentschieden. Katharine schmollte, das passende Terrain für die zarte Weiblichkeit sei »*das nicht öffentliche*«.

Sie sollte fürs Erste recht behalten: In Preußen wurde das Universitätsstudium für Frauen erstmals im Jahre 1908 offiziell zugelassen.

»*Sie soll von allen Wissenschaften nur so viel Kenntnis erlangen, als sie von den Blumen hat, aber so deutlich, wie der Unterschied der Rose und Lilie in ihr ist.*«

Sophie von La Roche: Pomona für Teutschlands Töchter, 1783

Patricia O'Brien,
»Coffee Morning«, 1993,
Privatsammlung

*»Sie saßen und tranken am Teetisch, und sprachen von Liebe viel.
Die Herren, die waren ästhetisch, Die Damen von zartem Gefühl.«*

Heinrich Heine: Lyrisches Intermezzo, 1823

Dem Kaffeekränzchen haftet bis heute das Vorurteil an, nicht salonfähig zu sein. Man sieht in ihm die einfältige, von einer gewissen Trivialität umflorte und von Klatsch- und Naschsucht getriebene kleinere Schwester der Salongesellschaft. Wie konnte es zu dieser Zuschreibung kommen?

Nun, die »große Schwester« besaß zweifelsohne das exquisitere, weltgewandtere Wesen und galt überdies als intellektuell. Die Kultur des Salons genoss bereits zu Zeiten ihres Dahinschwindens, gegen Ende des 19. Jahrhunderts, den Ruf, die idealtypische Kunstform bürgerlicher Geselligkeit zu sein. Man übersah dabei, dass der Salon den Versuch darstellte, eine Utopie Realität werden zu lassen, doch es liegt nun einmal in der Natur der Utopie, dass sie sich den Regeln der Wirklichkeit weitgehend widersetzt – und was bleibt, ist im besten Falle ein flüchtiger Hauch glückhaften

Gelingens. Auch in den Salons gab es Eifersüchteleien, Intrigen und nicht recht in Schwung kommende Gespräche. Wenig bekannt ist auch, dass zwischen dem Kaffeekränzchen und dem Salon nicht unerhebliche Gemeinsamkeiten bestanden und dass die bildungsbürgerlichen Damenkränzchen manche Stilelemente des Salons aufgriffen und weiterpflegten.

Die Nahrung, der man in den Salons zusprach, war geistiger Natur. Nicht der Gugelhupf stand im Mittelpunkt des Interesses, sondern der Wunsch, sich durch das philosophisch-literarische Gespräch *»zum geistigen Menschsein zu emanzipieren«.* Als Wegzehrung für dieses Unterfangen genügten ein paar Butterbrote – und Tee. Tee und Butterbrote waren das kulinarische Markenzeichen des 1796 in Berlin gegründeten Lese-Salons »Die Mittwochs-Gesellschaft«. In einem Brief urteilte Berlins erste bedeutende Salonnière, Henriette

*»Cleversner Bauernfrauen am Kaffeetisch«,
um 1835, unsigniert, Schlossmuseum Jever*

Salon-Atmosphäre in englischem Stil, »A Family Being Served with Tea«
(Familie beim Teetrinken), um 1740–1745, Yale Center for British Art,
Paul Mellon Collection, USA

Herz (1764–1847), man habe in der »Mittwochs-
Gesellschaft« nach dem Lesen stets *ungemein
schlecht* gegessen. Diesem Malus zum Trotz entwickelte sich das Duo »Tee und Butterbrote« wun-
dersamerweise zum Topos deutscher Salon-
Gastrosophie; noch fast 200 Jahre später taucht es
als Empfehlung in Benimmbüchern auf. 1957
schreibt Lille Kellner in dem Kapitel »Kaffeeklatsch« ihres Büchleins »Deine Gäste, Deine
Feste«: *»Weißt Du, was originell, verlockend und auch
billig ist? Marmeladenbrote! Jawohl, Marmeladenbrote!«* In jenen Tagen hatte der Kaffeeklatsch bereits
das Erbe des Salons angetreten.

Die populären Meinungen über den Salon
und das Kaffeekränzchen folgen den Spielregeln
des Klischees; sie bewegen sich nahezu ausschließlich im Spannungsfeld von Idealisierung und
Abwertung. Ein ähnliches Phänomen kennt das
Feuilleton aus der Debatte über E- und U-Musik.
Als die bildungsbürgerliche Kultur im 20. Jahrhundert »Mainstream« der Mittelschicht wurde,
brachte dies einen gewissen Rigorismus mit sich.
Noch die Generation unserer Eltern bewertet Kul-
turäußerungen mithilfe eines Koordinatensystems,
das streng zwischen »Hochkultur« und »Trivialkul-
tur« unterscheidet. Dem Salon wird die geistes-

geschichtliche Sphäre von Protestantismus, Aufklärung, Bildungsbürgertum, Biedermeier, Kunst und Konversation sowie nobles Understatement zugeschrieben. Dem Kaffeeklatsch attestiert man das bieder-fröhliche Gegenteil: Kulturkatholizismus im Sinne einer naiven Lebenslust bei gleichzeitig unterstellter selig geistiger Armut, barockhafter Schwulst, Tratsch und Völlerei. Natürlich, das sind Zuspitzungen. Und doch muss man nicht über die Maßen maliziös veranlagt sein, um zu befinden, dass derlei Verdikt auch in der urdeutschen Auffassung begründet liegt, wonach Gourmandise und Geist einander unversöhnlich oder wenigstens skeptisch gegenüberzustehen haben. Während es in Frankreich, zumindest in der Tradition, zu einem gelungenen Leben gehört,

die *fusion entre le savoir et le savoir-vivre* tagtäglich einzuüben, rettet man sich im Deutschen vor den Mühen dieser kunstvollen Gratwanderung mit dem – pardon – derben, aber unausrottbaren Sprichwort: »Dummheit frisst, Intelligenz säuft.« Daran konnte auch ein Goethe nichts ändern, der gerne mittags Rindsbraten speiste, Portwein und heiße Schokolade trank und anschließend Weltliteratur zu Papier brachte.

Von Paris nach Berlin

Die ersten Salons entstanden in der Nachfolge der hochmittelalterlichen Courtoisie und der Geselligkeitskultur der Renaissance, als genuin weibliche Form der Gastlichkeit im Frankreich des 17. Jahrhunderts. Catherine Marquise de Rambouillet (1588–1665) hatte im Jahre 1610 in Paris den ersten neuzeitlichen Salon gegründet; er hieß der »Blaue Salon« (*Chambre bleue*). Die Marquise lud in regelmäßiger Folge eine schillernde Assemblage aus Adeligen, bürgerlichen Gelehrten, Literaten und Künstlern zu sich ein, und diese für die Gattung Salon so typische Mischung aus Geistes- und Geburtsadel pflegte im Blauen Zimmer eine zwanglose, von Toleranz, Bildungshunger und geistreicher Konversation geprägte, heitere Geselligkeit. Wenn dabei Amor seine Pfeile umherschwirren ließ, galt dies als nicht unwillkommenes Zuckerl. Seit diesen Tagen definiert man den Salon

als die Hofhaltung einer gesellschaftlich an-
gesehenen Dame (von Adel oder Geistesadel),
die männliche wie weibliche Persönlichkeiten
von Kunstsinn und Esprit um sich versammelte
und miteinander in Kontakt brachte. Sinn und
Zweck des Salons war die »ungezwungene Geselligkeit,
deren Grundlage die Konversation über literarische,
künstlerische oder politische Themen bildet«.

In Deutschland war Berlin das Zentrum der
Salonkultur. Sie war unbestritten ein glanzvoller
Abschnitt deutscher Geistesgeschichte. Es waren
in der Mehrheit großbürgerliche, nicht selten jüdi-
sche Frauen, die unter dem Eindruck der Französischen Revolution in ihren Salons danach trachte-
ten, eine Atmosphäre von Freiheit, Gleichheit,
Brüderlichkeit zu ermöglichen. Männer und Frauen
galten als gleichwertig, das war etwas Neues. Juden
und Nichtjuden wurden in diesen geschützten
Räumen ebenfalls als gleichberechtigt angesehen.
Auch dies war neu. Die Zeit um 1800, die Hochzeit
der Aufklärung und des preußischen Protestantismus, war die eigentliche Blütezeit der Salons. Hier
fand die Literatur des Sturm und Drang, der Klassik und der Romantik ihr Publikum, hier wurden
die Fortschritte der Natur- und Technikwissen-
schaften bestaunt und erörtert. Henriette Herz,
die Ehefrau des Philiosophen und Naturwissen-
schaftlers Marcus Herz, hatte im Jahre 1780 den
ersten Berliner Salon von Rang gegründet. Herz
war ein Freund Lessings. Und so trafen sich in
Henriettes Salon Philosophen und Literaten; man
warf sich für Goethes Werke in die Brust und
verteidigte das Herzblut der Sturm-und-Drang-
Literatur vor dem
Urteil der nüchternen Spätaufklärer.

Nicht viel mehr als ein Jahrhundert später,
mit dem Beginn des Ersten Weltkriegs, war die
Kultur des Salons obsolet. Sie ging mit dem Fin de
Siècle unter und wurde im Untergehen romantisch
verklärt. Gründerzeitlicher Wirtschaftsboom, die
Erfindung des Telefons, die zunehmende Berufstä-
tigkeit der Frau, die Demokratisierung der Bildung
sowie die preußisch nationalistische, gleichwohl
provinzielle Grundstimmung im wilhelminischen
Kaiserreich waren der zweckfreien Vita contempla-
tiva und dem in seiner idealistischen Bildungsbe-
flissenheit durchaus auch selbstbezogenen Wesen
des Salons abträglich.

Die rituellen Koordinaten des Salons blieben
in den rund 100 Jahren seiner Blüte nahezu identisch. Sie sind in weiten Teilen identisch mit dem
formalen Rahmen des Kaffeekränzchens: ein intimer, privater Raum als Refugium der Dame des
Hauses, die Schaffung einer häuslichen Halb-
öffentlichkeit durch die Einladung gesellschaftlich
interessanter oder als wichtig erachteter Personen,
die Regelmäßigkeit der Treffen, die Dame als *lady
patroness* im Zentrum des Geschehens stehend.

Ein klassischer Salon wurde sowohl von Herren wie auch von Damen besucht, Jules Cayron, »Kaffeekränzchen«, Autotypie, 1923, Johann Jacobs Museum, Zürich

Kleine Philosophie des Tees

Die preußischen Salons waren eine bürgerliche Veranstaltung, und sie waren eine deutsche Veranstaltung, und darum vermieden sie jedwedes aristokratische Chichi und jegliche Fraternisierung mit französischen Sitten. Deutsche Salons nannten sich »Kränzchen«, »Cirkel« oder »die Donnerstage« oder »Mittwoche«. Oder, häufiger noch: »Thee«.

Die Teestunde der Gebildeten war als ästhetisches, nicht als kulinarisches Vergnügen gedacht. Der »Theetisch« als Prinzip der Gastlichkeit war seinem Wesen nach pures Understatement. In ihm sollte sich das Bildungsideal der frühen deutschen Salonkultur versinnbildlichen und verwirklichen: der neuhumanistisch denkende, fühlende, handelnde Mensch. Es war dies ein Rückgriff auf den Archäologen Johann Joachim Winckelmann (1717–1768) und dessen Credo über die Ästhetik der klassischen Antike: »*edle Einfalt, stille Größe*«. Man wollte durch Natürlichkeit, Echtheit des Denkens und Fühlens sowie Schlichtheit überzeugen.

Die Historikerin Petra Wilhelmy-Dollinger nennt das die »*säkular gewordene Tradition des preußischen Protestantismus*«. Vornehm zu tun passte nicht dazu. Die Salons nannten sich »Kränzchen«, um bescheiden aufzutreten.

Wenn man verstehen möchte, welch Geistes Kind der Salon war, muss man sich auch ein paar Gedanken über das Wesen des Tees machen. »*Wieso eigentlich ›Tee‹?*«, fragt der deutsche Schriftsteller Nicolaus Sombart (*1923) in seiner Autobiografie »Jugend in Berlin«: »*Das musste damals so üblich sein. Eingeladen wurde ab fünf Uhr. Trotzdem wurde nicht eigentlich ›englischer‹ Tee gereicht, sondern Tee mit Rum und Zitrone, also eher russisch.*« Dass der Kaffee das Zeug hat, ein durch und durch erotisierendes Getränk zu sein, ist fast schon eine Platitüde. Sein nachtdunkles Parfüm spricht für sich. Was aber spricht für den Tee? Sein klarer, zarter Duft lässt in ihm das Fluidum der platonischen Liebe vermuten: unaufgeregt, ohne jeglichen Anflug von Geheimnis. Tee hat etwas Vergeistigtes an sich, psychoanalytisch könnte man sagen: Er ist das kulinarische Pendant der Sublimierung. Tee steht für Mäßigung, Zurückhaltung, Geduld, Zügelung der Temperamente. Sophie von La Roche, die selbst häufig in Salons zu Gast war, äußerte sich in ihren erbaulichen Schriften für junge Mädchen wortreich über die bürgerlichen Kardinaltugenden »Vernunft und Pflicht«. Gibt es ein vernünftigeres Getränk als Tee?

Tee zieht nicht die Aufmerksamkeit auf sich wie der Kaffee. Tee war das Getränk des Salon-Understatements, er beugte sich dem klugen Gespräch, dem

künstlerischen Ausdruck und machte sich nicht wichtig: Man trank Tee in den Salons, aß ein Biskuit und ein Butterbrot, aber eigentlich war man gekommen, um von einer Forschungsexpedition zu erzählen, eine Novelle zu diskutieren, eine Skizze anzufertigen oder zu musizieren.

Natürlich gab es auch praktische, profane Gründe, den Tee zu bevorzugen. Sie waren überhaupt erst die Ursache für seine Beliebtheit in Deutschland; dass man aber in gewissen Kreisen bei ihm blieb, als man ihn einmal für sich entdeckt hatte, lag an seinem ätherischen Charakter. Ende des 18. Jahrhunderts pflegte das deutsche Bürgertum eine Verehrung für alles Englische; dies ist eine Reminiszenz an das Land der Aufklärung. Damals war England, dank seines Handels mit Indien, bereits Teetrinker-Nation. Napoleons Kontinentalsperre (1806–1814) brachte es mit sich, dass kein Tee mehr aus England aufs europäische Festland gelangte, jedoch war der Handelsweg mit Russland nicht verschlossen, wovon auch Berlin profitierte. In dieser Zeit war der Nimbus des Kaffees als kulinarische Besonderheit bereits etwas angekratzt. Kaffee war im Laufe des 19. Jahrhunderts (zumal in seiner erschwinglichen Surrogat-Version) endgültig zum Volksgetränk geworden. Auch aus diesem Grunde fanden es die höheren Kreise eleganter, Tee mit Rahm und Arrak auf einem Lacktablett zu servieren.

Die Salons sind in die Geschichte eingegangen. Die Briefe und Memoiren der deutschen Geistesgrößen, die in den Salons ein und aus gingen, haben dazu beigetragen. Hedwig von Olfers (1799–1891) resümiert in ihren Erinnerungen über ihren Berliner Salon, dort sei »der Geist explodiert«. Gleichwohl blieb der Salon selbst für die klügsten, edelsten Damen das einzige zu öffnende Fenster nach draußen. Wie jede andere Kränzchendame waren auch sie darauf angewiesen, Gesellschaft ins Haus zu holen, um einigermaßen mittelbar am Esprit des Weltgeschehens teilzuhaben. Umgekehrt etablierte sich ab 1850 in den Kaffeekränzchen die Sitte der vornehmen Zurückhaltung. Henriette Davidis empfiehlt, bei einer

Kaffeegesellschaft nicht mehr als zwei Tassen Kaffee zu kredenzen. I. von Wedells Handbuch rät von überreich gedeckten Tischen und opulenten Cremeschüsseln ab, dies gelte als *»nicht fein«*; das Zusammensein, der Gedankenaustausch seien *»in diesem Falle die Hauptsache«*.

Der bürgerliche Kaffeeklatsch des 19. Jahrhunderts war eine Melange aus Tischkultur, Anstandsschule und unterhaltsamer Bildungsveranstaltung. Die Frauen und Mädchen trafen sich, um zu lesen, zu handarbeiten und zu plaudern. Sinn und Zweck der Kränzchen, so nennt es Clementine Helm 1875, sei die *»Bildung des Herzens wie des Verstandes«*.

Damit war ein praktischer Verstand gemeint. Auch Salondamen, die Philosophen bewirteten, hatten Hausfrauenpflichten und einen Gatten, der ein wohnliches Heim zu schätzen wusste. Sophie von La Roche, die Freundin Goethes, entwirft in »Rosalie und Cleberg auf dem Lande« das Ideal eines Damen-Lesekränzchens: *»Nun hat Mariane diesem Schrank seine Vollkommenheit damit zugedacht, daß sie eine Büchersammlung von den Werken weiblicher Schriftstellerinnen in allen uns bekannten Sprachen darinn aufstellen will. Ich habe Kochbücher, das ökonomische Lexikon [...], Zeichnungen zum Sticken und Stricken [...] schon hineingestiftet.«*

»Zucker im Kaffee und Zitrone oder Sahne in den Tee,
und im Herzen alle Tage lang amor,
das ist wunderbar, Señor.«

»Zucker im Kaffee«, Schlager von Eric Sylvester, 1969

»Und das Ende vom Lied hat wohl jeder geahnt, ohoho, oh yeah!
Der Tod hat reihum sie dort abgesahnt, ohoho, oh yeah!

Auf dem Sarg gab's statt Kränzen verzuckerte Torten, und der Pfarrer begrub sie mit rührenden Worten.«

»Aber bitte mit Sahne!«,
Schlager von Udo Jürgens, 1976

Nach dem Dafürhalten unserer Ururgroß-väter (und auch Ururgroßonkels) war das Kaffeekränzchen von seinem ersten Erscheinen an einigermaßen entbehrlich. Unseren Vorvätern bereitete das feminine Vergnügen ein nicht unerhebliches Unbehagen. Gleichwohl konn-ten sie nicht verhindern, dass es immer mehr Lieb-haberinnen fand, und so fuhren sie schwere bis schwerste Geschütze auf, um diesen Angriff auf Anstand und Sitten in Grenzen zu halten. Die Ursachen ihrer Aversion gegen das Kaffeetrinken und Kuchenessen waren teils harmloser Natur; mehrheitlich spielte jedoch Unheilvolles mit hin-ein, nichts Geringeres nämlich als ein Gutteil des mittelalterlich christlichen Todsünde-Repertoires.

Wir sind nun an einem Punkt des Themas angekommen, an dem es zur Sache geht: Tod und Teufel stehen zur Diskussion – dennoch sollte sich der geneigte Leser davon nicht irritieren lassen.

Die Kaffee trinkende Damenwelt hat im Laufe der letzten 300 Jahre mannigfaltige Schmähungen nonchalant weggesteckt, und so wird gerade sie dieses Kapitel mit souveräner Grazie goutieren.

Kein Kapitel dieses Werks kam bisher ohne eine These aus, und so lautet denn die These die-ses Abschnitts: Udo Jürgens hat die Bildsprache seines Kaffeeklatsch-Schlagers nicht erfunden. Er hat sie vielmehr wiedergefunden und mit stupen-der Verve aufgegriffen und für seine künstlerischen Zwecke im wahrsten Sinne des Wortes instrumen-talisiert. Er hat sich eines Motivschatzes bedient, der über 300 Jahre alt ist. Und das kam so: Im Jahre 1707 erscheint in einem Leipziger Verlag die deutsche Übersetzung einer französischen Kampf-schrift. Ihr Verfasser ist ein gewisser Monsieur Duncan; sein Œuvre nennt sich »Von dem Miß-brauch heißer und hitziger Speisen«. Das Titelbild zeigt vier aristokratische Damen beim Lesen, Kar-

Knud Petersen, »Frau und Herr Immerdurst«, um 1835,
Kunstbibliothek der Staatlichen Museen zu Berlin

»*Köder der Wollust*« verurteilt – so ein Polizeischreiben aus Leipzig, 1744.

Zeitgleich mit den Anfängen der Kaffeekritik kam auch die Verteidigung des Damenkränzchens in die Welt. 1715 erscheint in der hessischen Stadt Linden ein denkwürdiges, mit Kupferstichen versehenes Büchlein. Die geheimnisvolle Autorin gab sich den Namen »Madame Leucoranden«, und der Titel des Buches lautete: »Wem's beliebt, dem ist's erlaubt. Gründlicher und anmuthiger Beweiß/Daß ein Honnetes Frauenzimmer ohne einige Verletzung ihrer Renomee/Bißweilen bei den Caffee Schmäußgen erscheinen könne, Ja sie möge und solle auch/Eine Pfeiffe Taback darzu schmauchen.«

tenspielen und Kaffeetrinken, darunter steht der Spruch: »*Sauffen wir uns gleich zu tode, so geschichts doch nach der Mode.*« Es handelt sich hierbei um eine der frühesten Quellen des künstlerischen Genres der Damenkaffee-Kritik. Dieses Zeugnis der Geschichte gab den Ton vor, den die Kaffeeklatsch-Klischees und Karikaturen fürderhin anstimmten. Der Kaffee wurde damals von nicht wenigen Zeitgenossen als ein Gebräu des Teufels erachtet – »*heiß wie das Feuer, schwarz wie die Sünde*« – oder wie Talleyrand gesagt haben soll: »*Schwarz wie der Teufel, heiß wie die Hölle.*« Der dunkle, über dem Röstfeuer zum Leben erweckte Kaffee galt als etwas Obskures, und weil die Vorstellungen und Drohungen vom Fegefeuer und den sieben Todsünden damals jedem Kleinkind eingebläut und von jedem braven Manne und jeder sittsamen Frau mehr oder weniger gefürchtet wurden, lag der gedankliche Kurzschluss nahe, dem besorgte Zeitbeobachter bald nach dem Aufkommen des Kaffeetrinkens verfielen: Kaffee und sündhafte Erotik galten als eins, und der Kaffee ward als

Dieses obskure Objekt der Begierde

Wovon ließen sich die Damen beim Kaffeetrinken leiten, was hätte ihrem Renommee so schaden können? Die Anwürfe lassen sich in der schönen Trias bündeln: Gier, Sucht, Tratsch. Udo Jürgens' Schlagerdamen Mathilde, Ottilie, Marie und Liliane sind dick, gefräßig und nicht eben helle im Geiste: »*Sie pusten und prusten, fast geht nichts mehr rein,/nur ein Mohrenkopf höchstens, denn Ordnung muss sein.*« Günter Grass setzt in seinem Roman »örtlich betäubt« eine Hotelterrasse in Szene, mit »*einer Ansammlung füllig straffer Damen, die Gebäck in sich hineinlöffelten, [...] kuchenfressende Pelztiere*«. Der Kulturhistoriker Peter Albrecht schreibt in seiner

Betrachtung über das Kaffeekränzchen: *»ältere Damen, meist vollschlank, große Tortenstücke«*; der Kulturhistoriker Günther Schiedlausky befindet 1961: *»denn wo der Hauptzweck das Verspeisen von süßer Backware ist, kann ein vornehmlich von stimulierenden Getränken gefördertes geistiges Gespräch nur schwer gedeihen«*.

Als Schiedlausky dies niederschrieb, war die Ikonografie des Kaffeekränzchens längst festgelegt auf die Pole »Lust und Laster«. Die Wiener Hofkommission hatte 1747 ein Gutachten über das Kaffeetrinken erstellt, welches zu dem Schluss kommt, der Kaffee sei ein *»Lust-Getränk«*. Als solches inspirierte er zahlreiche künstlerische Genres. Die Milieuschilderungen des Kaffeekränzchens wurden im 18. und insbesondere im 19. Jahrhundert zu einem klassischen Sujet und zwar fast ausnahmslos in überzeichneter und überspitzter Form. Es wäre töricht und wohl auch ziemlich komisch, wollte man dieser Mode mit feministischer Kunstkritik beikommen; die 1970er-Jahre sind Geschichte. Überdies sind all die Lieder über den Kaffeeklatsch, all die bissigen, bösen Sprichwörter, Spottgedichte und Lustspiele, die Stiche, Karikaturen, Gemälde und Bilderbogen des 19. und 20. Jahrhunderts eine unschätzbare mentalitätsgeschichtliche Quelle. Die Tatsache, dass uns bis heute nicht mehr als eine Handvoll nicht überzeichneter Gemälde von häuslichen Damenkaffeekränzchens bekannt sind, sagt nahezu alles darüber aus, wie ernst man das Ritual des Damenkränzchens zu nehmen gedachte: überhaupt nicht.

Katholische Mathematik

Und doch war die Furcht davor groß – die Furcht, zu häufiger Kaffeegenuss führe zum Tode, und dies zu Recht, denn das könne ja nur die angemessene Strafe für derlei Sünde sein. Wir sind jetzt wieder im 18. Jahrhundert, jener Zeit, da man den Kaffee und seine Wirkung noch kaum zu erforschen und daher nicht so recht einzuschätzen vermochte. Man machte damals eine sehr katholische Gleichung auf: Kaffee = Rösten = heiß = Sex = Sünde = Fegefeuer. Christian Friedrich Henrici, genannt Picander (1700–1746), der Librettist der Bach'schen »Kaffee-Kantate«, tat einmal den Ausspruch: *»Es ist bekannt, daß manche Frau sich so stark in den Kaffee verliebt, sogar auch, wenn sie wüßte, daß sie noch im Fegefeuer Kaffee zu trinken bekäme, nicht einmal nach dem Paradiese verlangen würde.«* – Ins Fegefeuer kam, wer eine Todsünde begangen hatte, und die sieben Todsün-

Eine sündhaft teure Erscheinung, René Paul Reinicke (1860–1926),
»Die neue Pelzgarnitur«, 1892, Museum im Gotischen Haus, Bad Homburg

den erwuchsen, nach Auffassung der traditionellen katholischen Lehre, aus den sieben Hauptlastern. Für das Verständnis des Kaffeeklatschs reichen uns drei dieser menschlichen Abgründe aus: *gula* (lateinisch für Schlund, Völlerei), *luxuria* (lateinisch für Zügellosigkeit, Wollust) und *acedia* (lateinisch für Trägheit des Geistes). Die Todsünden waren bildgewaltige Motive schon der mittelalterlichen Kunst. Der Barockmensch setzte sie noch um einiges drastischer in Szene und verknüpfte sie mit der Idee der *vanitas*, der Vergänglichkeit. Als der Kaffee nach Europa kam, stand der Barock in opulentester Blüte, und so fand sich denn für den Kaffee der Reim: »*Kurz, der Trank wird Mode/ In Europens Welt./Man trinkt sich zu Tode,/Trinkt, bis man verfällt.*«

menschlich großer Appetit. Im deutschsprachigen Raum hieß der weibliche Gargantua »Frau Immerdurst«, auch genannt die »Kaffe Lisel«. Berühmt wurde das Motiv durch eine Radierung aus dem Jahre 1780. Sie zeigt eine dicke, ältliche Frau mit derben Gesichtszügen, die bräsig am Tisch sitzt, aus einer bauchigen Kanne in vollem Schwange Kaffee in eine Tasse gießt und Spanferkel verputzt. Frau Immerdurst wurde zum Vorbild einer bissigen Karikaturentradition; Ende des 19. Jahrhunderts machte der Volksmund aus ihr die berühmtberüchtigte »Kaffeetante«. Einer ungeschlachten Erscheinung wie die Tante Immerdurst sie verkörperte, traute der Volksglaube alles zu. Und in der Tat schienen die Kaffeefreundinnen früherer Epochen bereit zu sein, für ihr Lieblingsgetränk über Leichen zu gehen, wenn es sein musste, auch über

Die Frau, das nimmersatte Wesen

Der Vorwurf der Völlerei, Wollust und Klatschsucht kann den Damen Mathilde, Ottilie, Marie und Liliane bei aller Solidarität nicht erspart bleiben: »*Sie schwatzen und schmatzen, dann holen sie sich, ohoho, oh yeah!/noch Buttercremetorte und Bienenstich, ohoho, oh yeah!*« Wer ans Kaffeekränzchen denkt, dem schieben sich nicht erst seit Udo Jürgens' Schlager dickleibige Frauenkörper, Buttercremeberge und matronenhaftes Getue vors geistige Auge. Die »Aber-bitte-mit-Sahne-Damen« sind die weiblichen Gegenbilder zum Riesen Gargantua, einem Helden der französischen Volkssage. Dessen hervorstechendste Eigenschaft war ein über-

Karikatur von Jiří Slíva

71

Evas im Kuchenparadies, Foto von Hans W. Mende, Frankfurt am Main 1973

die eigenen: »›Ach!‹ schrie das Weibervolk, ›Ach, nehmt uns lieber Brot! Denn ohne den Kaffee ist unser Leben tot.‹«, heißt es in der »Pariser Fabel« von Picander. Das Gedicht hatte Johann Sebastian Bach zur Komposition der »Kaffee-Kantate« inspiriert.

Der Verdacht, Frauen würden der Ausschweifung anheimfallen, so man sie nicht an die ehemännliche oder väterliche Kandare nähme, nährte sich auch aus den Gerüchten über das Boudoir. Das Boudoir war ein geheimnisvolles Frauenzimmer, intim, nur wenigen zugänglich und verspielt ausstaffiert mit sinnlichen Stoffen wie Samt, Spitze und Seide. Hier kam das Negligé zum Tragen, hier fanden Amouren statt, hier reichte der Galan seiner Dame ein Tässchen Kaffee oder heiße Schokolade.

Die Kunst des 19. Jahrhunderts hat uns manch frivole Boudoirszene überliefert, und sie hat dazu beigetragen, dass die Angst des Philisters vor der schwül sich räkelnden, ihren erotischen Begierden frönenden Frau immer schön am Köcheln blieb. Natürlich hat kein Herr das seiner Dame so gesagt. Der gute Gatte des 18. und 19. Jahrhunderts zog medizinische Trümpfe aus dem Ärmel und argumentierte lieber gesundheitsprophylaktisch. Dabei konnte er auf ein gewichtiges Nachschlagewerk zurückgreifen, die »Oeconomische Encyclopädie« des Johann Georg Krünitz von 1779. Darin steht, der Kaffee sei hysterischen Personen schädlich, und daher sollten »viele Frauenzimmer sich diesen ihren Lieblingstrank nicht gar zu gut schmecken lassen«.

Wie sieht die Zukunft des Kaffeekränzchens aus?
»Weissagungen aus dem Kaffeesatz«, Kupferstich, 19. Jh.,
Frankreich, Bibliothèque des Arts Decoratifs, Paris

Zu Besuch im Hexenhäuschen

»Luxuria«, der Damen Hauptlaster Numero zwei,
förderte »*Leibes-Ergötzlichkeiten*« wie jene des
Müßiggangs. Wer lieber Kaffee trank, statt
Strümpfe zu stopfen, der gab das häusliche Glück
dem Untergang preis. Pfarrer Johann Heinrich Reß
(1723 – 1803) aus Hannover beäugte das Treiben in
den Visitenstuben der Damen und sah dort das
Menetekel an der Wand: »*Sie gehen, wie man weiß,
alle dahin: seit uns der Kaffee müßiger, vornehmer,
weichlicher gemacht hat, können wir in der Haushaltung nichts mehr selbst vornehmen.*« Einem Vorwurf
wie diesem haftete der Hautgout des Philistertums
an, und in der Tat war der Philister, der brave Bürgersmann, der auf Zucht und Ordnung hält, eine
Erscheinung der patriarchalischen Gesellschaft
des bürgerlichen Zeitalters. Aber auch die bildungsbürgerlichen Kreise rümpften die Nase über
zügellose Damen und Backfische, die dem Kaffee
aus reiner Lust am Genuss zusprachen und sich
von ihm beschwipsen ließen. Hedonismus lag dieser Schicht fern; er galt als aristokratische Tände-
lei, als hochmögend und hoffärtig.

Die Kaffeeliebe der Damen kostete die Herren
viel Geld. Die privaten Ausgaben erhöhten sich
merklich; Zedlers »Universal Lexicon« aus dem
Jahre 1733 klagt über die »*hierauf gewandten unnöt-
higen Kosten*«. Rösttrommel, Kaffeemühle, Rohkaffee, Zucker und Rahm, das Brennholz zum Heizen
der Visitenstube, das Porzellanservice und der Kaffeetisch nebst Kanapee belasteten die Haushalts-
kasse. Und auch den Staatssäckel. Friedrich der

Große (1712 – 1786) und andere Landesfürsten er-
ließen Mitte des 18. Jahrhunderts des Öfteren Kaf-
feeverbote für die privaten Haushalte. Danach war
es bei Strafe untersagt, Bohnenkaffee zu konsu-
mieren. Der Grund war ein merkantilistischer:
Man fürchtete, zu viel Geld werde außer Landes ge-
schleppt und die heimische Kaufkraft geschwächt.
Die Deutschen, ob in Preußen, Sachsen, Westfalen
oder im Hessischen, sollten die heimische Zichorie,
die Wurzel der Wegwarte, bevorzugen. Um ihnen
das fade Gebräu schmackhaft zu machen, dichtete
man dem Bohnenkaffee kurzerhand einen schädi-
genden Einfluss an.

Die wirkungsmächtigste Triebkraft der Kaffeeklatsch-Klischees war und blieb jedoch die Prü-
derie. Die Männer hielten in den Kaffeehäusern
ihre »*Zotten mit den Mädgens*«, im Umkehrschluss

73

unterstellten sie dem Kaffee eine aphrodisierende, zum Ehebruch verführende Wirkung bei den Frauen. Die Volksdichtung hat diese Fantasie heruntergespielt und zum Topos vom »Kaffee als Liebhaber« verniedlicht. Von nichts anderem handelt Bachs »Kaffee-Kantate« aus dem Jahre 1734/35. Die Hauptfigur, Herr Schlendrian, hat eine Tochter namens Liesgen. Sie ist dem »Coffee« verfallen und entbehrt keines Mannes. Schließlich droht ihr Schlendrian, sie dürfe sowieso niemals heiraten, es sei denn, sie schwöre endlich dem

vielen Kaffeetrinken ab. Doch Liesgen ist schlau – und wählt einen Mann, der ihr das Kaffeetrinken erlaubt. Dann hebt der Chorus an: »*Die Katze lässt das Mausen nicht,/Die Jungfern bleiben Coffeeschwestern.*«

Im »Deutschen Wörterbuch« von Jacob und Wilhelm Grimm liest man unter dem Begriff »*Kaffeeschwestern*« ein Zitat aus dem »Hanswurst in einem stück um 1700«: »*woraus ich beweisen kann, dasz die hexen der vorigen Welt eigentlich die so genannten kaffeeschwestern der jetzigen sind.*«

»*Welch ein Aberglaube! Es einer Frau übel zu nehmen, daß sie sich erfrischen will [...].*
Eine Frau, die ohnedieß in den Genüssen so sehr beschränkt ist,
soll nicht einmal ein unschuldiges Vergnügen ungestraft genießen können.
Arme Frauen, wie strenge man Euch behandelt!«

Album der Boudoirs, Paris 1836

Hans Baluschek (1870–1935), »Hier können Familien Kaffee kochen«, 1895,
Bröhan-Museum, Berlin

Die große Kunst des kleinen Fests

» Damals lebten wir mit meiner Oma zusammen in einer Wohnung. Es gab eine große gemeinsame Küche. In dieser Küche stand ein schwerer, alter Gasherd, aus dem meine Oma die leckersten Streuselkuchen zauberte. «

Andreas Hartmann: Zungenglück und Gaumenqualen. Geschmackserinnerungen, 1994

Der Weg in das Schlaraffenland führt durch einen Berg aus süßem Brei. Im Schlaraffenland ist der Schnee aus Puderzucker und der Regen aus Honig; die Bäche sind aus Milch, und statt Pilzen sprießen Pastetchen aus der Erde. Ein herrlicher Duft liegt über dem Land. Seine Bewohner leben in einer Wolke der Behaglichkeit. Erinnerungen an die Kinderzeit ranken sich nicht selten um den Duft süßen Backwerks, um ofenwarm dampfende Kuchen, puderzuckerbestäubte Gugelhupfe und Berge von Schlagsahne. Seit etwa 200 Jahren gelten Mutters selbst gebackene Kuchen im deutschen Kulturraum als Inbegriff von Liebe und Geborgenheit. Der französische Gastrosoph Jean Anthèlme Brillat-Savarin (1755–1826) ahnte, welch grundmenschliche Bedeutung der Verfeinerung der Mahlzeiten zukommt. Er schrieb, der Mensch müsse »den Luxus des Verlangens in der Liebe oder der Gastronomie inszenieren«.

Die Kultur der Mahlzeit ist eine der ältesten Zivilisationsleistungen. Sie prägt grundlegende Kulturtechniken wie die Riten der Religion, des Fests, der Gastfreundschaft und des Gesprächs. Die Zubereitung der Nahrung ging bereits in den Anfängen der Menschheitsgeschichte in einen Kultus über; man verleibte sich nicht nur Energie und Lebenskraft, sondern auch Symbolträchtiges ein. Schon in prähistorischer Zeit war der Verzehr bestimmter Speisen mit religiösen Absichten verknüpft, waren die Zubereitung des Mahls und das Mahl selbst so etwas wie ein Götterdienst. Das ist in alle Religionen eingeflossen, zu allen Zeiten, in allen Kulturen. Und auch in der säkularen Welt bleibt es vergegenständlicht – wenn auch mehr in der Überlieferung als in der Alltagsrealität. Die Werbung beispielsweise bedient sich nicht selten des Klischees der nährenden Urmutter, sei es in der Version der Maggi-Küchenfee oder jener

des rotbackigen Großmutterls mit Dutt, das »Russischen Zupfkuchen« aus der Industriepackung zusammenrührt.

Das Urbild weiblicher Bewirtungskunst in Deutschland ist Mamas Napfkuchen. Zugleich ist er auch *das* Symbol der Kaffeeklatsch-Gemütlichkeit. Als Sehnsuchtsmotiv ist er nach wie vor präsent, und dies umso mehr, seit er im Schwinden begriffen ist. Einer Untersuchung aus den 1990er-Jahren zufolge sank der jährliche Mehlverbrauch eines deutschen Haushalts von durchschnittlich 80 Kilogramm auf 6 Kilogramm, wenn die Großmutter starb.

Der Rührkuchen wurde nicht zufällig zum Inbild mütterlicher Nestwärme. Diese Zuschreibung erwuchs, wie alles, was unseren Alltag bestimmt, aus historischen Gegebenheiten. Mehl, Milch, Zucker und Butter galten einmal als weibliche Zutaten, so wie das häusliche Backen aus-

schließlich als weibliche Domäne betrachtet wurde. Diese Verknüpfungen waren im Deutschland des 18. und 19. Jahrhunderts gesellschaftspolitischer Natur; später machte der Nationalsozialismus daraus das Wahnidyll: Die weizenblonde Mutter buk weizenblonde Kuchen für weizenblonde Kinder. Womöglich lässt sich der von der Backindustrie beklagte derzeitige Niedergang des häuslichen Kuchenbackens auch als ein Widerstand deuten gegen dieses immer noch (und wieder!) beschworene Wunschbild von der braven Hausmutti, die sich mit einem Dasein in mehlbestäubter Küchenschürze bescheidet.

Drei historische Entwicklungen des 19. Jahrhunderts schufen die Grundlage dafür, dass wir den Kaffeeklatsch noch heute mit Geborgenheit und selbst gebackenem Kuchen assoziieren: das Vorbild der höfischen Konditorenkunst, das bürgerliche Hausfrauen-Postulat und die Vermarktung des Backpulvers.

Ein Kuchen von königlicher Art

Die Hamburger Schauspielerin Heidi Kabel, die in ihren Bühnenrollen auf den Part der Hausfrau mit Mutterwitz abonniert war, gab im Jahre 1989 »Heidi Kabels Kaffeebuch« heraus, worin sie schreibt: »*Das Backen von guten Kuchen und Torten bereitet viel Arbeit. Aber die Kränzchen-Damen wissen bestimmt die Mühe zu würdigen; sie müssen sich ihr ja selbst unterziehen, wenn sie die Gastgeberinnen sind.*« Anders etwa als in Frankreich oder der Schweiz

Die Torte – Krönung der Kaffeetafel, Ditz, »Afternoon Coffee«
(Kaffeestunde am Nachmittag), 20. Jh., Privatsammlung

muss der Kuchen für ein deutsches Kaffeekränzchen selbst gebacken sein; das war schon Ende des 18. Jahrhunderts ebenso Sitte wie das Austauschen von Rezepten. Sophie von La Roche schreibt 1780: *»Jeden Donnerstag kommen die Kränzlerinnen nachmittags 3 Uhr artig geputzt zusammen. Sie trinken eine Tasse Kaffee [...]. Nach diesem geben sie einige Teller mit Obst und Konfekt; von dem letzteren muß allezeit etwas von der Kranzgeberin selber gefertiget sein; ist es von ihr erfunden oder erlernt, so muß sie die Vorschrift mitteilen.«*

Damals war Backen eine schweißtreibende, zeitraubende Körperertüchtigung. Und weil die Zutaten kostspieliger waren als heute, auch ein Zeichen für Wohlhabenheit. Selbst städtisch-patrizische Haushalte wie jener der Familie Johann Caspar Goethe buken, kochten und brieten, wie im Mittelalter noch, überm offen flackernden, rußenden Herdfeuer – den geschlossenen Herd mit Backofen gab es auf dem europäischen Kontinent noch nicht. Zum Teigrühren hatte man nur einen Kochlöffel aus Holz bei der Hand, und damit quirlte und schlug man bis zu zwanzig Eier, eine halbe, eine Dreiviertel-, wenn es sein musste eine ganze Stunde lang zu Schaum. Oder man mühte sich mit dem Hefeteig ab, malträtierte ihn mit dem Holzlöffel und schlug ihn, bis er glänzte und Blasen warf – und die Hände selbst vor lauter Blasen fast bluteten. Man kannte kein Backpulver, kein mechanisches Rührgerät. In die Kuchen jener Zeit floss die ganze Hingabe mit ein, die man für das Gelingen benötigte und mit der man bei der

Familie und den Gästen Ehre einzulegen erhoffte.

Zu Zeiten der Sophie von La Roche verströmte das Backwerk noch das Aroma des Mittelalters und der höfischen Kultur: Waffeln, Printen, Leb- und Pfefferkuchen mit orientalischer Gewürznote, Schmalzkringel und Krapfen mit Honig und Sirup standen in der mittelalterlichen (Festtags-)Tradition der Lebküchnerei. Mandeln waren kostbar und einer Fürstentafel würdig; das aus Venedig importierte Marzipankonfekt aus geriebenen Mandeln, Zucker und Rosenwasser konnten sich nur Hofhaltungen und vornehme Bürger leisten. Mandelpasten und -pasteten zählten zu den frühesten edlen Süßspeisen – man denke an das puddingartige »Blanc Manger« oder an die frühen Versionen einer Art Linzer Torte als Naschwerk zum Wein. Der Napfkuchen in Gugelhupf-Form war um 1750 in bürgerlichen Haushalten üblich. Er hieß damals bereits Rodon- oder Königskuchen, denn er wurde mit Rosinen und Korinthen, also Festtagszutaten, gebacken. Goethes Vater Johann Caspar feierte seinen 45. Geburtstag am 19. Juli 1755 mit Rodonkuchen und Kaffee. Überhaupt wurde bei Goethes viel gebacken: »Mandeltart« mit Honig, »Kartoffeltorte« mit Orangenlikör, »Biskuittorte nach le Goullon« mit neun Eiern. In einer Zeit ohne Backpulver waren das mit der Schneerute aus Weidenzweigen steif geschlagene Eiweiß, das Hirschhornsalz und die Hefe die einzigen Triebmittel für lockeren Teig. Üblicherweise stellte man jedoch Biskuitkuchen her; aus dieser Tradition entwickelte sich etwa ein

Arthur Benda, »Wien, als es noch nichts zu essen gab«, Foto, nach 1945, Museum für Kunst und Gewerbe, Hamburg

Jahrhundert später der moderne Rührkuchen mit Butter und Backpulver. Er hat als Frankfurter Kranz Karriere auf der festlichen Kaffeetafel gemacht: heller Biskuit- oder Rührteig, Buttercreme, Mandelkrokant und kandierte Kirschen weisen ihn als einen Nachfahren der höfischen Konditorenkunst aus.

Die Zuckerbäcker – Traumschaffende des süßen Lebens

Die Arbeit des Konditors war bis zur Französischen Revolution fast ausschließlich eine Arbeit bei Hofe. Zwar gab es bereits im 17. Jahrhundert in den Städten das Handwerk des bürgerlichen Konditors, doch waren diese äußerst rar und ihr Konfekt nur etwas für die Hautevolee. Die deutsche Berufsbezeichnung für den Konditor lautete Zuckerbäcker. Rohrzucker aus Übersee war eine Preziose, die sich nur die Mächtigen leis-

»Kochbuch«, Mondamin Gesellschaft Berlin, um 1920, Museum Europäischer Kulturen, Staatliche Museen zu Berlin

ten konnten. Ein Statussymbol fürstlicher Gastereien. Die Fürsten bedienten sich des Zuckers, so wie sie sich später des Porzellans bedienen sollten – und sie gaben mit beidem mächtig an. Das weiße Gold war ein Zeichen von Reichtum, Weltläufigkeit und Exklusivität. Dasselbe galt für den Zucker.
Und so hießen die Fürsten ihre Hofkonditoren, Tafelaufsätze und Schmuckgebilde aus Zuckergespinst zu fertigen, Miniaturschlösschen etwa aus weißem Zuckerguss oder Karamell, verspielte Figürchen und filigrane Tanz- und Gartenszenerien, Lustobjekte fürs Auge – im Zuckerbäckerstil. Goethe beschreibt in »Wilhelm Meisters Lehrjahre« eine solch höfisch festliche Tafelzier und nennt auch gleich ihr künstlerisches Vorbild: *»Aller Hausrat, Tafelzeug, Service und Tischaufsätze stimmten zu dem Ganzen, und wenn mir sonst die Baumeister mit den Conditoren aus einer Schule entsprungen zu sein schienen, so waren hier Conditor und Tafeldecker bei dem Architekten in die Schule gegangen.«*

Kandierte und mit Zucker zu Kompott verkochte Früchte, Marmeladen und Konfitüren galten ebenfalls als Wundertaten höfischer Konditorenkunst, und nur die Konditoren verstanden sich auf dieses Handwerk. Von solch kapriziösen Naschereien konnten bürgerliche oder bäuerliche Haushalte die längste Zeit nur träumen. Man vermutet, der Begriff »Konditor« leitet sich von

»kandieren« ab, dem Eintunken und Haltbarmachen von Früchten in Zuckersirup. Das französische Pendant *Confiserie* kommt von *confire*: einmachen. Vornehme Kaffeekränzchen kredenzten Konfitüren, Marmeladen und Kompotts in Kristallschüsselchen: *»Zwischendurch besteht die Bewirtung in eingezuckerten Orangen, Eisbaisers, Weingelee, Limonade, Mandelmilch«*, schreibt Frau von Wedell. Noch heute bietet jeder Konditor, der auf sich hält, Marmeladen und Konfekt aus eigener Herstellung an. Und natürlich Liköre – mit Zucker angesetzte und mit Früchten aromatisierte Essenzen.

Nach der Französischen Revolution machten sich immer mehr Konditoren, ähnlich wie die Hofköche, selbstständig. Nach 1800 eröffneten in Residenzstädten wie Salzburg, Wien, München, Dresden oder Weimar erste Hofkonditorei-Geschäfte, in denen auch ein bürgerliches Publikum verkehrte. Man versorgte sich dort für besondere Anlässe mit »Glaces« und flüssig gefüllten »Bon Bons«, Fondantkonfekt und »Liqueures«. Die beiden berühmtesten deutschen Hofkonditoren jener Zeit waren – wir haben bereits von ihnen gehört – François le Goullon und Julius Rottenhöfer. Herzogin Anna Amalia hatte le Goullon im Jahre 1777 aus Frankreich abgeworben, und seither arbeitete er bis zu ihrem Tode 1807 als ihr »Großherzoglich Sächsisch-Weimarischer Mundkoch«. Seine Rezeptsammlung »Der elegante Theetisch« von 1809 machte in gehobenen Kreisen Furore. Bald zierten seine Backkreationen »Prinzessen-Törtchen« (*»zwölf Eiergelb und Kardemomen«*), »Biscuit à l'anglaise« (*»ein Viertelpfund Corinthen«*) und »Königs-Kuchen« (*»ein und einhalb Pfund fein gesiebten Zuckers«*) den Kaffeetisch der eleganten Bürgerin. Fraglos stand Madame nicht selbst am Herd – sie hatte, wie damals üblich, eine Köchin, deren Arme vom vielen Teigrühren immer kräftiger wurden.

Der Backofen als mythischer Ort

Erst die süßen Zuckerdinge, die Kuchen und Törtchen und mit Marmelade gefüllten Schnittchen, machen aus einem Kaffeekränzchen einen richtigen Kaffeeklatsch. Bürgerliches Repräsentationsbedürfnis und höfisches Zeremoniell gingen hierbei eine Liaison ein und brachten eine neue Form der Gastlichkeit hervor: das kleine Fest der Frauenfreundschaft, das Kaffee *und* Kuchen gleichermaßen huldigt.

Ende des 18. Jahrhunderts, als bei den Damenkränzchen nicht mehr nur Kaffee, sondern auch Gebäck gereicht wurde, war bei Hofe noch der »service à la française« üblich.

Dabei wurden die zahlreichen Schüsseln und Platten der jeweiligen Menügänge alle zugleich aufgetischt: beim Dessertgang also beispielsweise Cremes und Puddings, Kuchen und süße Pasteten, Eis und Konfekt, Früchte und Kompotts. Diese Gepflogenheit übertrug sich auf den häuslichen Kaffeeklatsch eleganteren Zuschnitts. Julius Rottenhöfer, königlicher Hofkonditor der Münchner Residenz, stellt in seinem Buch »Der elegante wohlservirte Kaffee- und Theetisch« der Leserschaft diverse »*Servirzettel für Kaffee-Tische*« anheim, in welchen er nebst »Butterlaibln«, »Kolatschen« und »Hefenteigkränzen mit Rosinen« auch »Champagner-, Chocoladen- und Vanille-Crêmes«, Eiergrog und Glühwein, »Rheinweinsulz«, frische Früchte, »Kaffeebrötchen«, englische, Pariser und russische Torten sowie gebratene Kastanien dem wohlfeilen Zuspruch der Damen empfiehlt. Ebenfalls aristokratischen Ursprungs und daher im Wortsinne krönen der Abschluss war seither die Sitte, das Zur-Neige-Gehen des Kaffeenachmittags mit einem Knickebein-Likörchen oder einem Edelkirsch zu versüßen.

Es wäre damals niemandem in den Sinn gekommen, selbst gebackene Kuchen als etwas Spießiges zu betrachten, oder, um in der Sprache jener Zeit zu bleiben: als etwas Philisterhaftes. In die zarten Wölkchen des Kuchendufts flocht sich immer auch ein Hauch aristokratischen Flairs mit ein, die Kunst der Überfeinerung wie auch der Sinn für Festlichkeit. Man war über die Maßen froh, sich solche Kapricen ab und an leisten zu können, ja, man freute sich schon Tage vorher darauf, bis es endlich so weit war, dass man sich mit den Freundinnen wieder dem süßen Wohlleben hingeben durfte.

Der Kaffeeklatsch hatte alle Ingredienzien eines großen Fests. Und somit auch alle Ingredienzien eines Rituals. Wählte man die Lesart des Ethnologen, so sähe man darin ohne Mühe ein mythisches Bild: Feuer steht in allen Kulturen für Festlichkeit und Gastfreundschaft. Man sitzt um die Feuerstelle, schmaust, trinkt, unterhält sich und wächst zu einer Gemeinschaft heran. Festliches Fleisch ist im Feuer gegartes Fleisch: der große Braten, der aus der Röhre kommt. Festliche Speisen sind mit Aufwand, Hingabe und Wärme zubereitet; man muss sie aus dem Feuer holen.

Ein Kaffeetisch mit einer Torte in der Mitte, einem Gugelhupf, der wie ein Krönchen aussieht und mit einer Schüssel geschlagenen Rahms, weiß wie Schnee, süß wie Brei – ein solch festliches Arrangement wirkte auf die Gemüter der Damen »wie Weihnachten«. So sagen wir noch heute, wenn uns ein Tag einen besonderen Moment beschert.

»... durch eigne Heiterkeit auf die Stimmung der Gesellschaft anmutig einzuwirken, sind die Haupterfordernisse zur Erreichung des Zwecks, im traulichen Beisammensein dem höheren Genuss des Lebens zu huldigen, und wenn auch nur für kurze Zeit – seine unvermeidlichen Dornen zu vergessen.«

François le Goullon: *Der elegante Theetisch,* 1809

»*Bald ist im Dorfe weit und breit*
Manch treues Weib in Tätigkeit,
Die Butter durch ein rastlos Wälzen
Und Kneten innig zu verschmelzen.«

Wilhelm Busch: Der Geburtstag oder Die Partikularisten, 1873

My home is my castle, sagt ein englisches Sprichwort. Nirgendwo ist es so schön wie daheim. Aber wie sagt man das auf Deutsch? Mit einem Wort vielleicht: Gemütlichkeit.

Um die Gemütlichkeit ist viel gerätselt worden: Was meinen die Deutschen damit? Warum lässt sich das Wort schwer übersetzen? Warum gibt es dazu kaum Pendants in anderen Sprachen? Mit welchem Bild ließe es sich wohl umschreiben?

Der Kaffeeklatsch wirft ähnliche Fragen auf. Warum machen Frauen so etwas? Warum lässt sich das Wort »Kaffeeklatsch« schwer übersetzen? Warum gibt es auch hier keine Entsprechung in einer anderen Sprache? Warum muss der Kuchen selbst gebacken sein? Weshalb stellt sich eine deutsche Frau an den Herd, statt beim Konditor feine Törtchen zu kaufen? – Wohl deshalb: Weil das nicht gemütlich wäre.

Mutters Kuchen, fast wie vom Konditor

In den 1960er-Jahren schenkte eine bayerische Oblatenfabrik ihren Kundinnen zu Weihnachten ein Büchlein mit Backrezepten. Auf Seite eins stand ein Gedicht. Es hieß »Gastlichkeit«, und das hob folgendermaßen an:

> *»Zur Weihnacht und zu andern Festen,*
> *Und wenn Du sonst in trautem Kreis*
> *Die Stunde würzest Deinen Gästen,*
> *Dann tu's nach deutscher Art und Weis'.*
>
> *Heitrer Sinn nur kann die Stunde weihen,*
> *Scherz und Humor, der allen lacht, –*
> *Reich' dann noch Tee und Näschereien,*
> *Dies alles aber – hausgemacht!«*

oben: »Küchenschürze mit Latz und Küchen- und Wirtschaftsschürze aus Shirting«, aus: Der Bazar, Nr. 1, Jg. XVI, 1. Januar 1870, Institut für Zeitungsforschung, Dortmund

Rezeptetausch ist Ehrensache, »Du, das Rezept mußt Du mir geben!«, Faltblatt um 1950, Museum Europäischer Kulturen, Staatliche Museen zu Berlin

einer Wertvorstellung, die vorgab, ein Idyll zu sein, und doch auch eine Abwertung in sich trug. In dieser Konvention verschränkte sich das Nährende, Mütterliche mit der Pflicht zur Aufopferung, und das stellte eine eigentümliche Verschärfung dar. Das Tugendvorbild der christlichen Familienlehre, die frühneuzeitlichen Hausvätermaximen Fleiß, Ordnung und Sparsamkeit flossen hier mit ein, aber auch die bürgerliche Mäßigungsphilosophie des 18. Jahrhunderts. Der Frau stand Genügsamkeit an, Unterdrückung persönlicher Interessen und Verzicht auf Entfaltung eigener Möglichkeiten. Mit dem nationalsozialistischen Mutterkult nahm diese Norm ihren letzten Zug ins Dogmatische, sie wurde als etwas Naturhaft-Unumstößliches absolut gesetzt, und dieser Unterton ist heute noch da und dort vernehmbar, mehr oder weniger moderat, als fernes Echo zumeist, doch immer wieder einmal vernehmbar. Die »Rabenmutter«-Debatte über berufstätige Mütter beispielsweise zeigt dies – und auch diese Wortschöpfung gibt es so wie in dieser spezifisch deutschen Konnotation in keiner anderen Sprache.

Deutsche Gemütlichkeit fühlte sich dort zu Hause, wo der Appetit auf eine eigentümlich deutsche Weise gestillt wurde: mütterlich, sparsam und selbstlos. Dieser Dreibund an Tugenden war im Deutschland des 19. Jahrhunderts, im bürgerlichen Zeitalter, den Frauen als Lebensinhalt eingegeben, von Kindesbeinen an eingeimpft worden, bis er ihnen in Fleisch und Blut übergegangen war. Seither sollte eine deutsche Mutter dem Ideal nach eine sich aufopfernde, sich voll und ganz ihrer Rolle hingebende Mutter sein. Eingebläut wurde diese Haltung von der Mädchenschule, dem Mädchenpensionat, der Mädchenliteratur, dem Pfarrer und der Lehrerin, der Mutter und der Gouvernante und später, wenn die Mädchen zu Backfischen herangewachsen waren, von den Ratgeberbüchern, mit denen die jungen Frauen in die Ehe entlassen – und darin oftmals sich selbst überlassen wurden.

Im Deutschland des 19. Jahrhunderts wurde ein weibliches Rollenverständnis so wirkungsmächtig, dass es sich zum Phantasma auswuchs, zu

Mutterliebe in jenem altbürgerlichen Sinne nahm sich als eine verabsolutierte Liebe aus, als eine bedingungslose Hingabe, und sie ging mit einer – so wollte es das Wunschbild – freiwilligen Selbstaufgabe einher. Der Historiker Thomas Nipperdey bezeichnet die »Feminisierung der Frau« als einen zentralen gesellschaftspolitischen Prozess im 19. Jahrhundert; der auf das Haus bezogene Aufgabenbereich und Lebenssinn der Frau wurde dem normativen Modell vom »Mann als

Macher und Tuer« ergänzend zur Seite gestellt. Henriette Davidis (1801–1876), eine der damals einflussreichsten Ratgeber-Schriftstellerinnen für Eheaspirantinnen und Ehefrauen, fasst diese Erwartungshaltung in ihrem 1857 veröffentlichten Buch »Beruf der Jungfrau« in einen Reim: *»Allen, allen Töchtern nah und fern / Die nach alter Sitte auch noch gern / Sinnig fein in Küch' und Keller walten, / Um den Wohlstand aufrecht zu erhalten: / Nicht nur stets verbrauchen und verwenden / Nein, auch schaffen mit geschickten Händen; [...] / Die zur Hülfe, nach des Herrn Gebot, / Gern sich wenden bis zur stillen Noth, / Pflichtgetreu zum Wirken stets bereit.«* Das Bild der Frau als der bescheiden im Hintergrund Wirkenden wird hier heraufbeschworen. Nicht stolz möge sie sein auf ihre Leistungen als Vorsteherin einer Haushaltung, als Kindererzieherin und Sachwalterin des häuslichen Familienglücks, sondern die demütige Dankbarkeit möge sie leiten, sich selbst nicht so wichtig nehmen zu dürfen. Dies nimmt sich aus heutiger Perspektive befremdlich aus. Oder, wie die Historikerin Gisela Framke es ausdrückt: *»Die fast unbegrenzte Hingabe und Aufopferung für andere ist nahezu Selbstaufgabe.«*

In diesem Lichte erscheint das Selbstgebackene nicht als süße Harmlosigkeit. Es ist Ausdruck von Hausfrauenstolz und Ehrbarkeit. Es ist das Symbol mütterlicher Hingabe und klugen haus-

fraulichen Waltens: Die deutsche Frau versteht zu haushalten, sie trägt das vom Manne erwirtschaftete Haushaltsgeld nicht zum Konditor, sondern hält das Notwendige beisammen. Sie verschwendet nicht leichtfertig Geld für Dinge, die dem Bürgersmann als Luftschlössereien erscheinen. Sie ist nicht geheiratet worden, um sich Eskapaden des Luxus zu gönnen. Wozu zum Konditor, wenn man es selbst machen kann? Der Stolz der Hausfrau ist die Torte, die so schön gelungen ist, »beinahe wie vom Konditor«. Auf dieses Lob backt sie hin.

Ein wundersames Pulver

Die Mutter stellt sich, wenn es sein muss, bis spät abends an den Herd, damit am nächsten Tag genügend Kuchen da sind und es für alle reicht. Sie ist eine umsichtige Hausfrau, sie haushaltet mit den Eiern, der Butter, den Rosinen und Mandeln, aber sie zaubert doch eine Fülle von Backwerk daraus. Sie kennt sie alle, die Hausfrauenkniffe, sie verlängert diesen Teig mit etwas Kondensmilch, nimmt für jenen Teig ein Ei weniger – man schmeckt es kaum heraus. Sie nimmt Palmfett für die »Butter«-Creme. Das heißt dann »Kalter Hund« und ist eine Kreation aus Butterkeksen mit Schokoladenfüllung. Als Ende des 19. Jahrhunderts die preiswerte Kunstbutter auf den Markt kommt, die Margarine, greift sie fast nur noch zur Margarine. Als es kein Mehl und keinen Zucker und auch fast keine Margarine mehr gibt, im Zweiten Weltkrieg und in den Hungerjahren danach, wunderwerkelt sie

aus Erbsen und einem Fläschchen Rumaroma aus dem Carepaket eine »Erbsentorte« und aus fein geriebenen Eicheln und Kartoffeln eine »Eicheltorte« und aus Haferflocken mit Honig und Erbsen und zehn Gramm Fett einen »Bienenstich aus Erbsen«. Als die letzten Jahre des Zweiten Weltkriegs die Menschen endgültig in das Hungerelend zwingen, hat die deutsche Hausfrau mehr als 100 Jahre Sparsamkeitserziehung hinter sich. Sie lässt sich nicht von Rationsmarken für ein bisschen Zucker und Fett beeindrucken. Sie stellt sich an den Sparherd und backt.

Das Backpulver ist ihr Verbündeter. Dr. Oetkers »Backin« und die deutsche Hausfrau – das ist eine Lovestory. Mit dem Backpulver ließen sich drei Probleme auf einen Streich lösen: Es half, Eier zu sparen, sicherte der Hausfrau das Lob für garantiert gelingende Kuchen und machte die Zubereitung des Teiges einfacher.

Der Bielefelder Apotheker Dr. August Oetker ist nicht im eigentlichen Sinne der Erfinder des Backpulvers. Er hat das »Backin« auf den Markt gebracht. Ein Student des Chemikers Justus von Liebig experimentierte bereits 1856 mit einem Triebmittel für Teige, das ähnlich wirken sollte wie die Hefe oder die Bakterien des Sauerteigs. Justus von Liebig klügelte diese Experimente 1868 weiter aus, seither konnten Bäckereien mit einem künstlichen Triebmittel beliefert werden, einer Mischung aus doppelt kohlensaurem Natron und Säuerungsstoffen. Der Coup Oetkers bestand darin, für dieses Triebmittel eine immer gleiche Mischung gefunden zu haben, die auch in kleinsten Mengen

Die Schauspielerin Françoise Arnoul kocht Kaffee.

»Mädchen deckt im Rahmen ihres Pflichtjahres den Kaffeetisch«,
1938, Foto von Liselotte Orgel-Köhne, geb. Purper, Berlin

funktionierte sowie geruchsneutral und lagerfähig war. Er nahm Phosphate als Säuerungsmittel und stellte ein schneeweißes Pülverchen her, das selbst in winziger Dosierung für exakt 500 Gramm Mehl reichen würde. Diese Mischung nannte er »Backin«. Er füllte sie in Tütchen ab und ermöglichte damit jeder Hausfrau das Backen lockerleichter Kuchen – ohne viele Eier und die schwieriger zu handhabenden, natürlichen Triebmittel wie Eischnee, Hefe oder das nach Ammoniak schmeckende Hirschhornsalz. Das war für damalige Verhältnisse sensationell. Backen war plötzlich unkompliziert geworden. 1891 ging August Oetkers »Backin« zum ersten Mal über den Ladentisch, schon fünf Jahre später begann die Massenproduktion.

Von Anfang an setzte Oetker auf eine doppelte Vermarktungsstrategie. Er wusste, was sich bei den Hausfrauen seit Mitte des 19. Jahrhunderts eingebürgert hatte: Sie probierten in ihren Haushaltungen praktisch nichts Neues aus, ohne ein Ratgeberbuch zu konsultieren. Henriette Davidis hatte diese Tradition 1854 begründet, als die Erstauflage ihres später nur noch »Praktisches Kochbuch« titulierten Bestsellers erschien. Sein ausführlicher Titel lautet: »Zuverlässige und selbstgeprüfte Recepte der gewöhnlicheren und feineren Küche. Praktische Anweisung zur Bereitung von verschiedenartigen Speisen, Backwerken, sowie zum Einmachen und Trocknen von Früchten, mit besonderer Berücksichtigung der Anfängerinnen und angehenden Hausfrauen«. Dieses Buch war die Initialzündung der Massenproduktion von Ratgeberliteratur für die deutsche Hausfrau. Die

von Frauen geschriebenen Handreichungen, Broschüren und Nachschlagewerke wuchsen sich zu einem medialen Erziehungsprogramm für junge Mädchen aus. Sie hießen: »Hausfrau. Praktische Anleitung zur selbständigen und sparsamen Führung des Haushalts« (1861) oder »Kleine Beiträge zur weiblichen Gemüthsbildung« (1860) oder »Illustrirtes Frauen-Brevier. Die Mittel zur Beglückung des Hauses« (1876). Und sie waren willkommene Lebensbegleiter. Trotz Puppenspiels und erzieherischer Vorbilder waren viele Mädchen damals noch immer überrascht von der Verantwortung, die sie nach der Eheschließung im Hause des Mannes zu tragen hatten. Die Aufgaben der Haushaltsführung waren vielfältig, und nicht alle Mädchen fühlten sich der Pflicht gewachsen, selbstständig kochen, wirtschaften und kalkulieren zu müssen. Auch durften sie sich vor den Dienstboten keine Blöße geben, diese sollten ja kundig angewiesen und beaufsichtigt werden. Nicht ohne marktstrategisches Geschick griff Henriette Davidis den jungen, sich unsicher fühlenden Geschöpfen unter die Arme. Im Vorwort zum »Beruf der Jungfrau« schreibt sie: *»Kein Hausvater wird seinem*

Sohne, welcher noch völlig unkundig oder kaum zur Hälfte in ein Geschäft eingeweiht ist, dasselbe zur Führung in seine Hand legen; nicht selten aber finden wir, daß die Mutter ihre gänzlich unkundige Tochter getrost und sorglos dem Manne und somit ihrem Beruf übergibt und sie dann auf gut Glück ihrem Schicksal überläßt.«

Dr. Oetker ließ die Frauen mit dem Backpulver nicht alleine. Er entwickelte Rezepturen für das neue Backmittel, Rezepte für Rührkuchen wie Marmor-, Sand- oder Nusskuchen und brachte diese als Broschüren unter die Leute. Die Rezptheftchen schürten einerseits die Neugierde und beruhigten andererseits die Nerven bei den ersten häuslichen Experimenten mit dem neuen Zauberpulver. Und sie vermittelten den Frauen, worauf es ankam: *»Sehr vorteilhaft ist weiterhin, daß man bei Verwendung von Dr. Oetker's Backin an Eierschnee sparen kann.«*

Mit »Backin« wurde das Backen in Deutschland endgültig privat. Der Napfkuchen war nun kein Ei-Schwer-Kuchen mehr, in den man für besondere Anlässe auch schon mal 28 Eier einrührte, sondern er war ein Backpulverkuchen – hochaufgeschossen, locker und preisgünstig. Und weil das Backen jetzt weniger teuer war, brauchte die Hausfrau auch kein schlechtes Gewissen zu haben, wenn sie öfter mal Kuchen buk – einfach so, ganz ohne Weihnachten, Geburtstag oder Sonntag. Es genügte, dass beispielsweise am Dienstag die Freundinnen auf einen Kaffee vorbeikommen würden. Und so schlich sich durch das Hintertürchen des Sparsamkeitspostulats ein kleiner, feiner weiblicher Trostspender noch in den letzten kleinbürgerlichen Haushalt ein – der Napfkuchen als Versinnbildlichung des biedermeierlichen »goldenen Mittelwegs«: schlicht und schön. Einst ein aristokratischer Kuchen, wurde er nun von der Hausfrau mit sparsamen Zutaten selbst zubereitet – und mit dem wohligen Duft von Zuhause.

»Torten gehören zur Gruppe der weiblichen Speisen: Sie bestehen aus weiblichen Zutaten: Zucker, Mehl, Eiern, Fett.
Sie werden durch ein weibliches Zubereitungsverfahren erzeugt – Backen.
Sie sind weich und ohne Messer zu essen, man braucht sie kaum zu kauen.«

*»Falsche Schlagsahne: ¼ l Wasser,
in dem man Bohnen gekocht hat,
zwei Esslöffel Mehl oder Grieß, zwei Esslöffel Zucker.
Bohnenwasser zum Kochen bringen,
Mehl oder Grieß einrühren und erkalten lassen.
Süßen und steif schlagen.«*

»Ersatzrezept« aus: Tante Linas Nachkriegsküche, 2000

Die Schlagsahne ist eines der begehrenswertesten Geschöpfe unter den kulinarischen Hervorbringungen. Schmiegsam und mollig, von seidenweicher, wattesanfter Schönheit, verspielt und duftig – wie geschaffen für den Kaffeeklatsch als Stilform femininer Gastlichkeit. Stets ist man versucht, noch vor dem Servieren dieses wolkigen Schäumchens etwas davon zu naschen: Man möchte den Finger in die Schüssel stippen, während die Dame des Hauses den Rahm mit dem Schneebesen aufplustert, man möchte von dem Flaum stibitzen oder wenigstens den Schneebesen abschlecken – es ist eine schwere Prüfung, der Schlagsahne zu widerstehen.

Als Brillat-Savarin über die Feinschmeckerseele schrieb, sie fände Sättigung »am Busen der *Abundancia*«, muss er an die Schlagsahne gedacht haben. Brillat-Savarin war der Auffassung, manch Köstlichkeit des guten Lebens mache einen »Wun-

derdinge sehen«. Und in der Tat – wenn man von der Schlagsahne kostet, legt sich ein angenehm kühlender, wohltemperierter Balsam über die Lippen, und schließt man in diesem Moment die Augen, fühlt man sich, als würde das Körperinnere von sanften Händen eingecremt.

Es ist vielleicht kein Zufall, dass in einer »Enzyklopädie der Gourmandise« dem Stichwort »Schlagsahne« das Stichwort »schlampampen« auf dem Fuße folgt. »Schlampampen« ist eine Wortschöpfung des 16. Jahrhunderts, eine lautmalerische Umschreibung des Vorgangs lustvoller Schlemmerei. Aus ihr ist das weniger schöne Wort »Schlampe« hervorgegangen, als Bezeichnung für eine Frau, die ihren Launen und Leidenschaften die Zügel schießen lässt. Hingegen mussten sich Frauen für den Genuss von Schlagsahne nicht rechtfertigen, zumindest nicht, solange das Zeitalter der Fettabsaugerei noch nicht herangebrochen war.

Die Schlagsahne begann ihre Karriere in der Beletage des höheren Tafelvergnügens, dort, wo vornehmlich seit der Renaissance die kulinarische Finesse und das festliche Blendwerk beheimatet waren: bei Hofe. Sie ist der narrensichere Küchenzaubertrick. Man braucht nur Luft darunterzuschlagen, schon wird aus etwas Kleinem etwas Großes.

Schlagsahne ist auch eine Augenweide. Sie setzt dem Ebenholzdunkel der Sachertorte, des Schokoladenpuddings, der Trinkschokolade das unbefleckte Unschuldshäubchen auf. Sie wirkt besänftigend auf allzu charismatische Dinge. Ein Klacks Schlagsahne auf frisch gebrühtem Kaffee ist ein schützender Puffer: »*Wünscht man denselben ausnahmsweise gut zu geben, so ist selbstredend Sahne erwünscht*«, empfiehlt Henriette Davidis.

In ihrem Weiß spiegelt sich der Abglanz höfischen Lebens. Sie ist ein Kind des Rokoko; damals verfeinerte sich die aristokratische Küche und gab sich federleicht und elegant wie ein Paar Tanzschuhe. Man aß Singvögelchen und luftige Sabayons und kannte bereits das Speiseeis. Essen war Erotik für den Gaumen, mehr Idee denn Sättigung. Ein Spiel.

Im Laufe des 19. Jahrhunderts hat sich der Genuss von Schlagsahne eingebürgert. Das Produkt entstammt zwar der Sphäre bäuerlichen Lebens, seine Verwendung und Veredelung jedoch waren höfischer Natur. In Amaranthes' »Frauenzimmer-Lexicon« findet sich bereits ein Eintrag: »*Rahm oder Saane, auch Rohm, ist das beste und fette oben auf der Milch, daraus nicht nur die Butter gemacht wird, sondern er kömmt auch an viel Essen und Gebackens.*« Geschlagene Sahne gibt den Speisen eine pittoreske Note. Sie ist ein Bestandteil der ornamentalen Küche. Sie schmeichelt und verhüllt. Wie die Praline ist auch sie ein Spielelement der Galanterie, eine leichte Muse, die man essen kann.

Hüftgold vom Feinsten:
ein Klacks Schlagsahne,
Foto von 1961

Kühle Schönheit

Richard Strauss (1864–1949) komponierte in den
Jahren 1921/22 ein heiteres Wiener Ballett mit
dem Titel »Schlagobers«. In jener Zeit fanden sich
in den wohlsituierten Haushaltungen schon die
ersten Kühlschränke mit künstlicher Kälte. Die
Verbreitung der Sitte, geschlagene Sahne zu servieren, ist ein vergleichsweise junges Phänomen. Eine
Voraussetzung hierfür war die Erfindung des elektrischen Kühlschranks für den Hausgebrauch.
Jahrtausendelang behalf sich der Mensch mit
Natureis, das er aus gefrorenen Gewässern heraus-
schlug und in der gleichbleibenden Kühle tiefer
Keller lagerte. Von diesem Eis wurde bei Bedarf
eine kleinere Menge abgeschlagen, mit der man
dann die sogenannten »Eis-Schränke« bestückte.
Erste Erfolge mit künstlicher Kühlung durch chemische Verfahren gab es Mitte des 18. Jahrhunderts
in England. Ein gutes Jahrhundert später entwickelte der Ingenieur Carl von Linde (1842–1934) das
künstliche Kühlverfahren mit Ammoniak. Diese
Kühlschränke verbreiteten jedoch einen üblen Ge-
ruch und waren für den Hausgebrauch wenig ge-

eignet. Erst in den 1920er-Jahren hatte man
hinreichend Erfahrung mit küh-
lenden chemischen Ersatz-
stoffen; von da an wurde
der Kühlschrank – zunächst
in den USA und seit Ende der
Zwanzigerjahre auch in Europa –
peu à peu Standard im Haushalt.

Butter wird aus Rahm hergestellt, und sowohl
Butter wie auch Sahne werden im Nu ranzig und
sauer, wenn man sie nicht kühlt. Das »Praktische
Kochbuch« der Henriette Davidis aus dem Jahre
1906 enthält daher noch kein Rezept für eine Buttercremetorte, obgleich der Verbrauch von Butter in
Deutschland pro Kopf von drei Kilogramm im
Jahre 1780 auf zwölf Kilogramm im Jahre 1890
gestiegen war. In diesem Zeitraum hatte sich der

Lebensstandard des Bürgertums beträchtlich verbessert. Gegen Ende des 19. Jahrhunderts war der Typus des wohlhabenden Gründerzeitbürgers weit verbreitet, dennoch blieb die Butter ein prestigeträchtiges Lebensmittel. Teuer – und daher ein treffliches Zeichen der Distinktion.

Das Kochbuch von Henriette Davidis machte die Hausfrauen mit allerlei höfischen Zubereitungsmethoden vertraut. Sie empfahl, den zu schlagenden Rahm eine Stunde lang mit einer aufgeschlitzten Vanilleschote zu parfümieren und leicht zu zuckern. Anschließend sollte man sich mit einem Schneebesen und einer Rührschüssel in den kühlen Keller begeben. Portionsweise schlage man dort den Rahm zu Schnee, gebe diesen auf ein Haarsieb, lasse ihn abtropfen, fange die Flüssigkeit auf und schlage auch diese zu Schaum, so lange, bis kein Tröpfchen mehr übrig bliebe. Es lohnt sich, das einmal auszuprobieren, das Ergebnis ist eine bemerkenswert standfeste, zart nach Vanille duftende Sahnecreme.

Zu nachmittäglicher Stunde

Wenn man die Karriere der Schlagsahne etwas genauer betrachtet, findet man auch eine Antwort auf die Frage, weshalb sich die Kaffee- und Kuchenkultur am Nachmittag herausgebildet hat. Beide Genussmittel, geschlagener Süßrahm und Bohnenkaffee, sind ein hübsches Beispiel für die kulturhistorische Theorie der sozialen Diffusion von oben nach unten. Dieser Theorie liegt die Beobach-

tung zugrunde, dass kulturelles Verhalten, sei es in der Art, wie wir uns kleiden oder uns einrichten oder eben auch: essen, auf der Nachahmung des Verhaltens der nächsthöheren Schicht beruht. Der Mensch will nach oben. Er will es zu etwas bringen, er will, dass seine Kinder es einmal »besser haben«.

Ein Zeichen dafür, dass man es zu etwas gebracht hat, ist, wenn das eine oder andere Luxusgut zur Selbstverständlichkeit geworden ist. Dazu kommt es, nicht nur im Leben des Einzelnen, son-

18. Jahrhundert auch in den bürgerlichen Haushalten für festliche Anlässe allgemein üblich geworden. Es hatte sich also eine Nachspeisenkultur mit Kuchen und rahmigen Cremes, Sahnebrei oder Puddings herausgebildet. An diese Nachspeisenkultur hat der Kaffee sozusagen »angedockt«. Man merkte, dass er sich geschmacklich trefflich mit den süßen Dingen vertrug und dass er nach dem Mittagsmahl überaus aufmunternd wirkte. Nur bei festlichen Anlässen zog sich diese Mahlzeit bis in den frühen Nachmittag hinein, und nur für festliche Gastmähler waren so luxuriöse »Douceurs« vorgesehen wie beispielsweise eine *crème vierge*, die Jungfrauen-Creme. Hierzu rührte man süßen Rahm mit Zucker über dem offenen Feuer, gab geschlagenes Eiweiß darunter und goss das Ganze durch ein feines Haarsieb – heraus kam eine luzide süße Flüchtigkeit. Ein Hauch von Nichts.

Femininer Luxus als seelenschmeichlerische Petitesse. So wie die Haarspängelchen und Schönheitsflecken, die Federn und Bänder, die Spitzenkrägelchen und Marabu-Boas fürs Dekolleté. Brillat-Savarin, der Menschenfreund, wusste, warum Frauen schon immer prädestiniert waren, das höhere Tafelvergnügen zu zelebrieren.

Er sei hier, zu guter dritt, ein letztes Mal zitiert: »*Feinschmeckerei ziert die Frauen. Sie entspricht der Zartheit ihrer Organe.*«

dern auch im Verlaufe der Kulturgeschichte, meist Schritt für Schritt. Luxusgüter wie Bohnenkaffee oder Schlagsahne wurden in den breiteren Bevölkerungsschichten zunächst an Festtagen und Sonntagen üblich. Wieder war es das 18. Jahrhundert, das hier stilprägend wirkte und die Grundlage für die Ausbreitung und Verfeinerung dieser kulturellen Praxis schuf. Um 1750 nahmen der Adel und die großbürgerlichen Kreise ihren Kaffee mit flüssigem Rahm oder Milch und Zucker. Und wer es sich leisten konnte, ob Bauer, Handwerker, Kleinbürger oder Kaufmann, aß wenigstens an hohen Festtagen und Sonntagen ein Brötchen oder ein Kipferl aus weißem Mehl oder einen Kuchen. Der wohlhabende Bürger kannte damals bereits die Gepflogenheit der herrschaftlichen Küche, als dritten Gang beim Mittagsmahl oder Diner eine breitere Auswahl an Desserts anzubieten: Cremes aus Eiern oder Rahm, Gefrorenes, Kompotte und Kuchen. Torten aus Mürbteig oder Biskuit waren als höfische Desserttradition im

In den 1930er-Jahren ging die Jungfrauen-Creme in die Annalen der Geschichte ein. Sie konnte den Konkurrenzkampf gegen die Schwarzwälder Kirschtorte, die Nusstorte mit Walnuss-Buttercreme oder die Malakofftorte nicht gewinnen. Nach den hager düsteren Revolutions-, Weltkriegs- und Inflationsjahren brauchten die Menschen endlich wieder etwas auf den Rippen. Sahnige, buttrige, dicke fette Tortenschönheiten drängten sich nun auf die sonntägliche Kaffeetafel. Allerorts summte und brummelte in den Haushaltsküchen der kleine elektrische Kühlschrank. Niemand musste mehr zum Sahneschlagen in den Keller gehen, man konnte die Butter und den süßen Rahm länger als jemals zuvor aufbewahren. Und man nahm die Gewohnheit an, Sahne nicht unbedingt so frisch zu verzehren, wie sie geschlagen wurde. Neue Zeiten begünstigten den Erfindergeist – und der tüftelte dann auch schon mal Unfug aus, wie beispielsweise das »Sahnesteif«. Aber auch Großartiges wie die Schwarzwälder Kirschtorte.

Über die Frage, wer deren Erfinder sei, entspinnt sich derzeit ein Gelehrtenzwist. Zwei »eigentliche« Erfinder reklamierten zu Lebzeiten diese Pioniertat für sich, und noch ist nicht entschieden, wer von beiden als der »Eigentlichere« gekürt werden wird. Lange galt es als ausgemacht, dass der Konditormeister Josef Keller aus Bad Godesberg die Torte erfunden habe. Er sei als Erster auf die Idee gekommen, drei Schokoladen-

biskuitböden mit Schwarzwälder Kirschwasser zu beträufeln, mit Kirschen und Schlagsahne oder Buttercreme zu füllen und zu verzieren. Mal hieß es, dies sei vor dem Ersten Weltkrieg gewesen, dann wiederum, es sei mitten im Kriege passiert. Josef Kellers Datierungen unterlagen gewissen Schwankungen. Eindeutige historische Beweise, die seine Schilderungen untermauern würden, lie-

ßen sich bisher nicht finden. Hingegen findet sich im Tübinger Stadtarchiv eine zweite Spur. Und die führt zum Tübinger Konditormeister Erwin Hildenbrand, der die Torte im Jahre 1930 in seinem Café Walz erstmalig gebacken und zwei Jahre später auf dem Landeskonditorentag ausgestellt haben soll. 1934, dies ist gewiss, wurde die Schwarzwälder Kirschtorte erstmals schriftlich erwähnt.

Richtig los ging es mit der Schwarzwälder Kirschtorte und ihren nicht minder üppigen Sahne-

Buttercreme-Cousinen erst nach dem Zweiten Weltkrieg. Die sogenannte »Fresswelle« hob nach der Währungsreform 1948 an: *»Es war die Zeit nach dem Krieg in Berlin. Hunger hatten wir ständig und etwas Leckeres hatte es lange nicht gegeben. Ein Geschmackserlebnis aus dieser Zeit habe ich noch lebhaft in Erinnerung: Es war das erste Stück echte Butter.«* Während des Hungerwinters 1946/47 hatte die durchschnittliche Kalorienzufuhr der Menschen meist nicht mehr als 800 bis 1000 Kalorien pro Tag betragen. Nun gab es mit einem Male wieder Speiseeis, Butter, Schlagsahne und sonntags endlich auch wieder einen Kuchen. Groß mussten die Stücke sein und nahrhaft, die Torten sollten sich türmen. Man gab sich Mühe, das schwere Tortenstück beim Servieren nicht von der Kuchenschaufel kippen zu lassen, es sollte in ganzer Pracht heil auf dem Teller zum Stehen kommen.

In diesen Jahren haben Frauen Trümmer geräumt und aus der Asche des tausendjährigen Wahns irgendetwas Lebenswürdiges wieder auf die Beine zu stellen versucht, und dabei warteten sie auf die noch lebenden Brüder und Verlobten und Ehemänner und Söhne, die in Kriegsgefangenschaft waren oder verschollen. Vor diesem Hintergrund war die Sahnetorte nicht nur ein Luxus, sondern auch ein Trost.

»Sehr gut schmeckt zum Kaffee,
wenn eine Schale Schlagrahm,
hübsch verziert,
dazu gegeben werden kann.«

Hermine Kiehnle: Kiehnle-Kochbuch.
Große illustrierte Ausgabe, 1948

»*Statt sich mit Wein zu berauschen, kann man ohne Erröten nun durch einen Kaffeerausch seiner Phantasie angenehme Schwingungen geben.*«

»*Uiber die Ursachen des Geldmangels in Europa*«,
Artikel in der Zeitschrift Hesparus, *1818*

In einer Küche gehen vier Frauen zu Werke. Sie haben alle Hände voll zu tun; sie sind damit beschäftigt, eine Kanne Kaffee zu bereiten. Eine Frau steht am offenen Herdfeuer. Ihr ist warm, sie hat die Ärmel aufgekrempelt, das Kurbeln bereitet ihr Mühe; immer und immer wieder muss sie die Rösttrommel in gleichmäßigem Rhythmus über dem Feuer drehen, bis die grünen Kaffeebohnen eine braune Farbe annehmen, »*den Castanien-Schalen gleich*«, und jenes Faszinosum sich einstellt, wofür man den Kaffee schätzen gelernt hat: Erst durch das Rösten entfalten sich seine Duft- und Geschmacksstoffe – und damit seine ureigene Bestimmung. Neben dem Herd steht ein schwerer Holztisch, darauf hat eine zweite Frau eine irdene Schüssel gestellt, und dahinein schüttet sie die brennend heißen, ölglänzenden Bohnen, damit sie nicht weiterbräunen und bitter werden, sondern rasch erkalten. Es zischt, Dampf

quillt zur Decke. Am Fenster, auf einem Schemel, sitzt eine dritte Frau, vor einer großen Kaffeemühle. Auch sie dreht die Kurbel; jetzt werden die Bohnen zermahlen, zu feinem Dunst. Schließlich waltet die vierte Frau ihres Amtes; sie gibt das Kaffeemehl in eine Kanne, brüht es mit kochendem Wasser auf und stellt die Kanne mit einer Tasse auf ein Tablett. Sie wendet sich zur Küchentüre. Jetzt wird sie ihrer Herrschaft den Kaffee servieren.

Die Szenerie ist auf einer Illustration im »Orbis sensualium pictus« zu sehen, dem berühmten Bilder-Schulbuch »Die sichtbare Welt« des böhmischen Humanisten und Pädagogen Johann Amos Comenius (1592–1670). Sie entstammt nicht der Erstauflage dieses Werkes aus dem Jahre 1658, sondern einer Neuauflage um 1840. Der »Orbis pictus« gilt als Vorläufer des modernen Schulbuchs; darin fand Eingang, was seinem Autor als bedeutsam und lehrenswert erschien über Gott

Die Frau, das starke Geschlecht:
»Der Kaffee ist ein viel stärkeres Getränk, als man allgemein glaubt. Ein kräftiger Mann
kann täglich zwei Flaschen Wein trinken und dabei sehr alt werden – dieselbe Menge Kaffee
hielte er nicht lange aus: er würde stumpfsinnig und stürbe an Auszehrung.«
(Jean-Anthèlme Brillat-Savarin, 1755–1826)
»Eight women at a ›coffee klatsch‹ celebrating the 50th anniversary of their friendship«
(Acht Frauen beim Kaffeeklatsch feiern das 50. Jubiläum ihrer Freundschaft), England 1952

und die Welt, Pflanzen, Tiere und Menschen, Dinge des Lebens und Kulturleistungen jener Zeit. Heutzutage wäre es unvorstellbar, die Zubereitung einer Tasse Kaffee in einem Lexikon, noch dazu mit vier Arbeitsschritten, zu erläutern. Rösten, Kühlen, Mahlen, Aufbrühen – insbesondere die ersten beiden Arbeitsgänge kommen uns überholt vor. Wer röstet heute noch Kaffee zu Hause?

Die Welt des »Orbis pictus« nahm den Kaffee als etwas Wundersames wahr, was auch damit zu tun hatte, dass man ihn nicht genießen konnte, ohne zuvor Zeuge seiner Metamorphose geworden zu sein. Jeder Haushalt, in dem Kaffee getrunken wurde, war Schauplatz dieser sinnesbetörenden Verwandlung eines unscheinbaren Dings in eine prickelnde Substanz. Die Behandlung verändert das Produkt, das ist der Schlüssel zu allen Küchengeheimnissen, und das »Gewusst wie!« der häuslichen Kaffeezeremonie lag fest in weiblicher Hand. Kaffeekochen war eine Frauensache.

Was die Illustration des »Orbis pictus« nicht vermitteln kann, sind die Sinneseindrücke, die jener altmodische Vorgang der Kaffeezubereitung mit sich brachte. Man stelle sich einen privaten Haushalt vor, in dem jeden Tag, mitunter mehrmals, Kaffeebohnen frisch geröstet und gemahlen wurden. Wie mag es in einem solchen Haushalt wohl geduftet haben? Die Freude an einer Tasse Bohnenkaffee währte

damals länger als heute. Sie begann mit dem Rösten, steigerte sich beim Mahlen der Bohnen von Hand und hörte noch lange nicht auf, wenn der Kaffee in der Tasse dampfte. Das Rösten setzt Duftmoleküle frei, die sich erst nach Stunden verflüchtigen. Die Lexikonschreiber des 18. Jahrhunderts ließen sich denn auch von der Euphorie die Feder führen. Begeistert äußerten sie sich über »*das eigenthümliche Arom*« des Kaffees, über die angenehmen Düfte seiner »*gewürzhaften Stoffe*«. Was genau es mit diesem Wohlgeruch auf sich habe, wussten sie noch nicht. Im Jahre 1733 immerhin steht in Zedlers Lexikon: »*Warum aber der Coffee müsse gebrennet werden: Damit nemlich die ölichten Theilgen heraus gebracht.*«

Kaffee-Alchemie

Die Wissenschaft hat bisher über 800 chemische
Verbindungen in der Kaffeebohne identifiziert; ihr
Zusammenspiel macht das »Flavour« des Bohnen-
kaffees aus. »Flavour« ist der unter Chemikern
gebräuchliche Begriff für das Ineinanderwirken
von Geschmacksstoffen, Duftstoffen und sensori-
schen Eigenschaften. Es ist bis heute nicht möglich, das Aroma gerösteter Kaffeebohnen künst-
lich herzustellen. 700 der rund 800 bekannten
Verbindungen sind flüchtige Aromastoffe. Sie entstehen in der Kaffeebohne bei sehr hohen Tempe-
raturen von bis zu 250 °C. Was da passiert, wenn
man die Bohnen röstet, bezeichnen Chemiker als
»Maillard-Reaktion« – und diese Reaktion ist uns
allen bekannt vom Braten von Fleisch. Beim
Anbraten reagieren Zuckersubstanzen mit Säuren
und Proteinen und amalgamieren zu jener gold-
braun glänzenden, fein süßlichen, nach Röststoffen
und Karamell schmeckenden Kruste, nach der wir
uns so gern die Finger lecken. Ähnliches passiert
beim Brutzeln von Bratkartoffeln oder Pfann-
kuchen – oder beim Brotbacken. Die vom Maillard-
Effekt wachgekitzelten flüchtigen Aromastoffe verbinden sich in einem zweiten Schritt mit den im
Kaffee enthaltenen Ölen und Fetten. Auch diese
Öle entstehen erst beim Rösten. Und sie gilt es zu
knacken, will man ein ansprechendes Kaffeege-
tränk bereiten. Teile der in den Ölen gebundenen
Aromastoffe lassen sich nämlich in Flüssigkeit aus-
schwemmen. Dazu muss man die Bohnen mahlen.
Das vergrößert die Oberfläche und erleichtert das
Herauslösen der ätherischen, wohlschmeckenden

Moleküle. Und dann muss
man den Kaffee brühen. Das klingt einfach, aber an
genau dieser Stelle liegen die Fallstricke. Man kann
beim Kaffeekochen so manches falsch machen.
Die Hausfrauen, die der »Orbis pictus« vor Augen
hatte, waren sich dieser Herausforderung bewusst.
Also übten sie man sich in der Kunst der Kaffeezubereitung, um der Bohne ihr Geheimnis zu ent-
locken. Und dieses Geheimnis wurde damals mit
jeder Tasse aufs Neue als Offenbarung empfunden.
Heute scheint es gelüftet. Dennoch ebbt der ideo-
logische Zwist zwischen den Befürwortern der Fil-
termaschine und den Liebhabern der Espressome-
thode nicht ab. Wir wollen diesen Streit hier nicht
entscheiden. Worauf es ankommt, ist: Sie behandel-
ten den Bohnenkaffee wie eine Mimose. Und sie gaben sich unendliche Mühe, aus dem kostbaren Gut
das Höchstmaß an Wohlgeschmack herauszuholen.
Exzellenter Kaffeegeschmack ist die Belohnung für
Fingerspitzengefühl und das gewisse *Savoir-faire*.
Eine gute Kaffeeköchin zu sein gilt noch heute als
Kompliment. Frauen entwickelten im Laufe der
Jahrhunderte ein nahezu zärtliches Verhältnis zu

Oscar Zwintscher, »Sie wollen schon aufbrechen!? – Da verursachen Sie ja eine störende, unersetzliche Lücke! – Oh, da trösten Sie sich [...], durch diese Lücke kommt ein frischer Zug in die Unterhaltung«, aus: Meggendorfer Blätter, 1902

dem charismatischen Getränk. Die Physikatsberichte des Königreichs Bayern aus den Jahren 1858 bis 1861 berichten, der Kaffee sei das »Haupt-Labe-Getränk der Weiber«. Das scheint heute nicht anders zu sein: »Ein Tag ohne Kaffee geht bei mir nicht. Ich bin nicht süchtig – ich brauch ihn bloß«, gesteht eine Frau Elisabeth H. 1996 in einem Brief an die Kuratoren der Kaffeeklatsch-Ausstellung. Sie war eine jener Damen, die auf die Zeitungsannonce zur Ausstellungsvorbereitung geantwortet hatten. Eine ihr seelenverwandte Kränzchenschwester namens Hildegard K. fand bei gleicher Gelegenheit reimende Worte – sie sandte ein Gedicht mit folgendem Refrain: »Oh, edler Kaffee, meine Lust/Kommst du noch heut' zu uns herein/wie würde uns dein Duft erfreun.«

Vielleicht ist die markante, man möchte fast sagen: maskuline Ausstrahlung des Kaffeearomas nicht ganz unschuldig an dieser Liebe der Frauen zum Kaffee. Die wissenschaft-

liche Disziplin der Duftforschung fand Hinweise dafür, dass der Geruchssinn vermutlich die evolutionsgeschichtlich älteste Sinnesfähigkeit ist. Er ist möglicherweise wirkungsmächtiger und prägender als der Sehsinn – und was wir gut riechen können, von dem wollen wir so schnell nicht lassen. Zweifelsohne: frisch gerösteter, frisch gemahlener Kaffee riecht, pardon: verdammt gut! Das verdankt sich unter anderem den sogenannten »röstig-rauchigen« Duftkomponenten, die dem Kaffee diese elegant entschiedene Note verleihen – also etwas durchaus Animierendes und Raumgreifendes, etwas, an dem man schwerlich vorbeikommt. Deshalb geraten Frauen ins Schwärmen, wenn sie vom Kaffee sprechen. Sybille Schall, die in den Fünfzigerjahren eines der ersten Kaffee-Liebhaber-

büchlein verfasste, hauchte damals aufs Papier: *»Nur bei diesem allerersten Schluck Kaffee hatte ich einmal – und nie wieder danach – das Gefühl, mein Bewußtsein zu verlieren und in einem tiefen See unterzutauchen.«*

Champagner des Alltags

Die angenehm nüchterne Trunkenheit des Kaffeegenusses ersetzte den Frauen das alltägliche Bier und den Branntwein. Es war nämlich so, dass Europa vor Eintreffen des Kaffees dem Alkohol mehr als zugeneigt gewesen war, da machte der Adel ebenso wenig eine Ausnahme wie der karg sich durchs Leben schlagende Bauersmann. Zwar sprach der Adel eher dem Weine zu, der Bauer dem Fusel oder Dünnbier, aber vom Spiritus umnebelt und mit gebremstem Elan sich durch die Lebenstage schleppend, waren im Grunde alle Brüder und Schwestern jener Ära. Man löffelte Biersuppe des Morgens, zu Mittag und zu Abend, man gab selbst den Kindern davon zu essen; die Männer verputzten zum Frühstück Schnaps oder Most oder Most und Schnaps mit Roggenbrot, an Festtagen versüßte man sich das Leben mit Zuckerbier oder Rosinen- und Eierbier, und ein ostfriesischer Haushalt von sechs Personen rechnete noch Anfang des 19. Jahrhunderts mit je drei Krug

Bier zum Frühstück und zum Abendessen sowie einem Krug über den Tag. Wir verdanken diese Mengenangabe dem dreibändigen Werk »Ostfriesland und Jever in geographischer, statistischer und besonders Landwirthschaftlicher Hinsicht« des Friedrich Arends von 1820. Was für Ostfriesland galt, galt für ganz Zentral- und Nordeuropa. Seit dem 15. Jahrhundert braute nahezu jeder in jedem Krähwinkel sein eigenes Bier. Das Wasser in den Brunnen war häufig verseucht, die Milch wurde schnell schlecht. Um ein Vielfaches stieg der Bier- und Branntweinkonsum während des Dreißigjährigen Krieges und seiner Nachwehen. Wer wollte es den Menschen in diesen Zeiten des Gräuels und Elends verdenken? Und doch wäre das Leben auch ohne Kriege damals nicht so etepetete gewesen wie heute. Der Adel fand nichts dabei, sich seiner fröhlichen Trinklust zu rühmen. Die immer wieder gern zitierte Liselotte von der Pfalz (1652 – 1722), die es nach ihrer Heirat mit Philipp von Orléans an den französischen Hof verschlug, klagte: *»Ich kann weder thé noch caffé drincken; dagegen eine Biersuppe, die würde mir Freude machen!«* Das allerdings hätte sie, wenn sie die Möglichkeit dazu gehabt hätte, dem Geheimrat Goethe niemals eingestehen dürfen, denn dieser mochte die Biertrinkerei, landauf, landab, partout nicht leiden. Er schimpfte: *»Wenn es bei uns so fortgehen sollte, wie es den Anschein hat, daß es geht, so wird man nach zwei oder drei Menschenaltern schon sehen, was die Bierbäuche und Schmauchlümmel aus Deutschland gemacht haben.«*

Aus diesem Grunde griffen Frauen früher als ihre Männer den Kaffee als Haushaltsgetränk dankbar auf. Für den Sprengel Königshofen konstatierten die königlich-bayerischen Physikatsberichte: *»Beim weiblichen Geschlecht findet man das Branntweintrinken fast gar nicht mehr.«* Das war, wie gesagt, im Jahre 1858, und um diese Zeit galten alkoholische Getränke in bürgerlichen Kreisen bereits als ausgesprochen unschicklich für Damen. Man erwartete von ihnen, dass sie *»ihren Bierdurst zu bezwingen wissen«*. Wenn es etwas zu feiern gab, wenn – wie Sozialpsychologen sagen – das »soziale Trinken« eines geselligen Elixiers bedurfte, gab es ja nun den Kaffee.

Der Kaffee hatte überhaupt das Zeug dazu, nicht nur die Trinklust zu zügeln, sondern auch das Verhalten der Menschen insgesamt zu kultivieren. Namentlich der Tugend der »Contenance« kam er entgegen. Darunter verstand man eine grundsätzliche Zurückhaltung und Haltung in allen Lebenssituationen, nicht nur beim Essen, Trinken, Gehen, Sitzen oder Konversationmachen. Sie galt als besondere Zierde der Frau. Die Contenance oder »tenue«, wie man in den des Französischen mächtigen Familien zu sagen pflegte, war ein Wesensmerkmal adeligen Lebensstils und wurde bald vom Bürgertum übernommen. Gegen Ende des 19. Jahrhunderts verschliff sie sich zur Attitüde mit snobistischem Appeal. Die weibliche Contenance gebot, dass man nicht wie ein Gänschen in aller Öffentlichkeit in Tränen auszubrechen oder jemandem stürmisch um den Hals zu fallen hatte – für dergleichen Momente gab es die Flucht in die

Ohnmacht. Es lag in der Natur des Kaffeetrinkens, die Moral der Contenance zu heben: Man konnte das neue Getränk nicht in sich hineinschütten, dazu war es viel zu heiß; man musste es aus zierlichen, leicht zu Bruch gehenden Tässchen trinken, die man besser delikat behandelte; das Koffein im Kaffee führte zu Hitzewallungen, und die fühlten sich – eingepanzert in das Korsett, wie die Damen waren – sehr, sehr unangenehm an. Also hielt man sich zurück. Die Contenance trug

ihr Scherflein dazu bei, dass das bürgerliche Kaffeekränzchen den Charakter einer Zeremonie annahm.

Zeremonielles Handeln folgt einem festen Regelwerk. Es bedarf der Kultgegenstände, und diese werden mit rituellem Gestus gehandhabt. Frauen machten also aus der Zubereitung des Kaffeeklatsch-Kaffees eine Zeremonie. Obwohl die Filtermethode (mit gestanztem Löschpapier) bereits um 1750 bekannt war, und obgleich man parallel dazu die türkische Mode pflegte, das Kaffeepulver mit Wasser mehrmals aufzukochen, schälte sich noch eine dritte, ausgeklügelte Art der Kaffeezubereitung heraus. Sie diente drei Zwecken: Sie sicherte der repräsentativen Porzellankaffeekanne die nötige Beachtung, sie brachte ein vollmundiges Kaffeearoma, und sie wies die Dame des Hauses als aus-

gefuchste Kaffeeköchin aus. Das Rezept kursiert noch heute, wie die folgende Version einer Hausfrau aus Baden-Württemberg belegt. Es erinnert nicht von ungefähr an das feierliche Air, das beim Dekantieren eines Burgundertropfens über einer festlichen Tafel schwebt: »Man nehme eine Kaffeekanne, spüle sie heiß aus und gebe für sechs Tassen sieben gehäufte Maßlöffel feingemahlenen Kaffeemehls hinein. Man überbrühe es mit sprudelnd kochendem Wasser, bis die Kanne dreiviertel voll ist, rühre dann mit dem Stiel eines Holzlöffels kräftig um und gebe danach so viel Wasser hinzu, bis die Kanne gefüllt ist. Dann gieße man aus dem Kannenhals den Kaffeepfropfen in eine Tasse und schütte den Inhalt wieder in die Kanne zurück. Nun warte man acht Minuten, bis sich das Aroma entfaltet hat.«

»Ja, als ich siebzehn war, starb meine erste Liebe und ich
las bei verbotenem Licht mit Neugier und ohne Verständnis die
Abenteuer des Herrn Casanova und ich trank Kaffee!«

Sybille Schall: Die Kunst, Kaffee zu trinken, 1957

»Wir halten mit unseren Freundinnen einen kleinen Kaffeeklatsch.
Wie decken wir? Mit besonderer Sorgfalt natürlich und mit viel Geschmack.
Unsere schönste Decke, vielleicht eine ganz zart getönte oder eine handgestickte,
mit den passenden Servietten dazu und unser feinstes Porzellan.«

Margarete Kalle: Die kluge Hausfrau bittet zu Tisch, 1962

Blümchengeschirr stimmt uns nostalgisch. Kaffeegeschirr ist meist Blümchengeschirr. Wir denken an Landhausküchen, Flohmärkte und Omi-Cafés. Aber an majestätische Pracht?

Das Schwanenservice der Porzellanmanufaktur Meissen lässt uns Blümchenporzellan anders sehen. Seinem Ursprung nach war Porzellan mit Blütendekor ein Symbol für Reichtum, Status und Macht. Das Schwanenservice ist das umfangreichste, prachtvollste Tafelservice, das je aus den Meissener Porzellanateliers hervorgegangen ist. Es bestand aus 2200 Teilen und wurde in den Jahren 1737 bis 1742 von den Meissener Modelleuren Johann Joachim Kaendler und Johann Gottfried Eberlein für den sächsischen Kabinettsminister Heinrich Graf von Brühl (1700–1763) gefertigt. 1945 wurde es größtenteils zerstört; einzelne Teile sind heute in der Porzellansammlung Dresden im Zwinger und in Schloss

Teile aus dem »Schwanen-
service« für den Grafen
Heinrich von Brühl, Meißen
1737–1742

Lustheim bei München ausgestellt. Es zeigt mythologische Wasserszenerien mit Nymphen, Muscheln, Fischen, Schwänen und Uferpflanzen in Reliefarbeit. Einzige gemalte Motive sind Goldkanten, Wappen – und Streublümchen.

Obwohl die Streublümchen so aussehen, als habe sie jemand auf einer sächsischen Blumenwiese gepflückt – gelb wie Dotterblumen, rot wie Bartnelken –, nannte man sie »indianische Blumen«, was einer damaligen Gewohnheit geschuldet war. Das erste Porzellan, das nach Europa kam, stammte aus China und Japan. Im 17. und 18. Jahrhundert waren Indien und Indone-

sien die Hauptumschlagplätze für Waren aus Asien. Und so nahmen das chinesische und japanische Porzellan ihren Weg nach Bangladesch und Indonesien, um dort auf Handelsschiffe der »Vereinigten Ostindischen Compagnie« (V.O.C.) verladen zu werden. Die V.O.C., die 1602 von holländischen Kaufleuten gegründet worden war, war damals die mächtigste Handelsgesellschaft und Kaufmannsflotte Europas, sozusagen der Exklusivspediteur für exotische Luxusgüter.

Die künstlerischen Vorbilder für die indianischen Blumen finden sich auf den Schaustücken

der Porzellansammlung des sächsischen Kurfürsten und polnischen Königs August des Starken (1670–1733). August war von Porzellan besessen. Er nannte seine Sucht danach eine »Maladie«. Nicht nur wollte er so viel asiatisches Porzellan wie nur irgend möglich in seinen Besitz bringen, auch setzte er alles daran, der erste europäische Herrscher zu sein, in dessen Reich das Rätsel der Porzellanherstellung gelöst werden würde. Zu den Prunkstücken seiner Sammlung zählten chinesische Deckelvasen aus der Kangxi-Zeit (1662–1722). Diese teils bis zu einem Meter hohen Vasen waren mit floralen Motiven bemalt, mit Ranken und Blattwerk und filigranen Fantasieblüten, hauptsächlich aber mit Pfingstrosen. Die Pfingstrosen sind eines der beliebtesten Motive chinesischer Porzellanmalerei, und sie zierten, mal mehr, mal weniger stilisiert, von winzig klein bis üppig erblüht, mannigfaltige Porzellane. Die indianischen Blüten symbolisierten also königlichen Kunstverstand und königlichen Besitz, und sie wurden zum Vorbild des Dekor-Repertoires der Meissener Porzellanmalerei.

Sehnsucht nach der blauen Blume

Meissen war die erste Porzellanmanufaktur Europas. Die Nachricht von der Neuerfindung des Porzellans in unseren Breiten wurde mit Ehrfurcht aufgenommen. Etwa so, als hätte jemand den Stein der Weisen gefunden. Ein Mirakel. Porzellan aus Asien galt als »Arkanum«, als das unerreichbar Geheimnisvolle, der ureigentliche Sinn und

»Stehendes Kind, aus einer Zwiebelmustertasse trinkend« (sog. »Hentschel-Kind«, nach einem Entwurf von Konrad Hentschel), Meißen, um 1910, Staatliche Porzellan-Manufaktur Meissen

Zweck des heimlichen Treibens der Alchemisten. Diese hatten fieberhaft versucht, Gold herzustellen, und Porzellan galt als das »weiße Gold«. Meissener Porzellan umgab von Anfang an die Aura des wahr gewordenen Traums. Was dort geschaffen wurde, bestimmte den Geschmack der Zeit. Seine Blütendekore erlangten Weltruhm: das Zwiebelmuster, die Strohblumen, die »Deutschen Blumen«.

Das Zwiebelmuster entstand ab 1730. Meissener Porzellankünstler ließen sich von Albrechts Chinaporzellan inspirieren, das mit kobaltblauen Pfirsichen, Granatäpfeln, Zitronen und Melonen bemalt war. Beim Kopieren dieser Früchte entwickelten die sächsischen Porzellanmaler ihren eigenen Stil; daraus kristallisierte sich die Zwiebel als Meissener Neuschöpfung heraus. Chrysanthemen und Pfingstrosen komplettieren die Formensprache des Zwiebelmusters.

Zu den frühen Blumenmotiven auf Meissener Porzellan zählen auch Disteln und Dahlien – ebenfalls nach chinesischem und japanischem Vorbild. Das erste für damalige Verhältnisse massenhaft hergestellte Meissener Blümchendekor war indessen das »Strohmodell«. Es zeigt stilisierte Strohblumen, die wie das Zwiebelmuster in kobaltblauer Unterglasurmalerei aufgetragen wurden. Das Strohblumenmuster entwickelte sich zum Dauerbrenner: Es wurde seit etwa 1740 von Meissen hergestellt und schon wenige Jahrzehnte danach in über 50 europäischen Manufakturen tausendfach kopiert.

So entwickelte sich die »blaue Blume« – nicht nur in der Dichtung der Romantik – zu einem Symbol deutscher Lebensart. Auf den Tellern, Tassen, Kannen und Schüsseln aus Meissener Porzellan wuchs ein Blumengarten. Die indianischen Blumen des asiatischen Porzellans waren durch die Hände der Meissener Porzellanmaler in eine neue Formensprache verwandelt worden. In ihnen drückte sich auch patriotischer Stolz aus. Man hatte es den Chinesen gleichgetan und konnte nun Porzellan selbst herstellen. Man glasierte die Meissener Kaffeeservice mit Rosen, Wicken, Winden, Primeln, Phlox, Maiglöckchen und Anemonen und nannte das Dekor »Deutsche Blumen«.

Modeillustration aus Art Soul Beautée, Pochoir-Lithografie, 1925,
Johann Jacobs Museum, Zürich

Hofsilberkammern en miniature

Bis zum Ende des Siebenjährigen Krieges im Jahre 1763, stellte die Meissener Manufaktur ausschließlich Luxusprodukte für Herrscherhäuser und Adelsfamilien her. Blau und Weiß waren königliche Farben, und wer seinen Kaffee aus Porzellantassen mit blauen Blumen trank, konnte sich darauf etwas einbilden. Die Erstausgabe von Amaranthes' »Frauenzimmer-Lexicon«, 1715, enthält nur einen einzigen Eintrag zum Thema Porzellan: »*Porcellain-Schale, Ist eine von weissen oder auch blau und weissen Porcellain verfertigte Schüssel [...] worinnen frisch Obst oder Gebacknes aufgesetzt wird.*« Feines Backwerk war den festlichen Gelegenheiten vorbehalten, und die Schale, darin man es präsentierte, war ein Statussymbol. Wenn August der Starke die Tafel bereiten ließ, mussten seine Lakaien das Porzellanservice aus der »Silber-Cammer« holen. Alle europäischen Herrscher hatten solche Hofsilberkammern, Schatztruhen der höfischen Tafelzier, in denen auch die ersten in Europa hergestellten Porzellan-Komplettservice gehütet wurden. Ein solches vielteiliges Porzellanservice, für zahlreiche Personen und sämtliche Anforderungen eines mehrgängigen Menüs, inklusive Kaffee und Tee zu erstehen, das kam nach heutigen Maßstäben der Anschaffung eines Privatjets gleich.

Die bürgerliche Silberkammer war die Schauvitrine. Darin präsentierte man seine Nippesfigürchen und das sogenannte »gute« Porzellan. Dazu zählten auch die Sammeltassen. Diese Sitte kam auf, weil Porzellan kostspielig war. Die jungen Mädchen bekamen von ihrer Patentante oder von Freundinnen zum Geburtstag eine Tasse mit Untertasse, und das ging so fort, bis das Kaffee- oder Teeservice komplett und dieser Teil der Aussteuer beisammen war. Übrigens war das noch bis in die 1970er-Jahre üblich – also circa 200 Jahre, nachdem das Porzellan auch in bürgerlichen Kreisen Einzug gehalten hatte. Vornehmlich das blau-weiße Porzellan wurde seit Mitte des 18. Jahrhunderts in vielen Haushalten üblich. Einerseits, weil man etwas von dessen königlichem Prestige erhaschen wollte, andererseits, weil es erschwinglicher war als Porzellan mit buntem Dekor. Kobaltblaue Muster werden damals wie heute in Unterglasurtechnik aufgetragen, direkt auf den sogenannten »Scherben«. So nennt man die Porzellanstücke nach dem ersten Brand. Sie werden nach dem Bemalen und Eintauchen in ein Glasurbad noch ein zweites Mal gebrannt. Farbige Muster hingegen, wie zum Beispiel die Streublümchen, werden in »Aufglasurmalerei« aufgetragen, die einen dritten Brand erfordert, was die Sache verteuert. Goethes Großvater Johann Wolfgang Textor (1693–1771) erwarb für seinen Haushalt ein 81-teiliges »Blau-und-Weiß-Porcellinenservice« – freilich: Er war 1743 zum »Kaiserlichen Rat« ernannt worden und konnte es sich leisten, seine Gäste vornehm zu bewirten.

Gegen Ende des 18. Jahrhunderts verbesserte sich die Technik der Brennöfen, was die Produktion größerer Mengen erleichterte. Zwischenzeitlich hatten andere europäische Manufakturen, in Berlin, Kopenhagen, Gera oder Fürstenberg, damit begonnen, das Zwiebelmuster zu kopieren; das Fürstenberger »bleu und weiße Porzellain« galt als besonders fein. Die Engländer trieben die Demokratisierung des Porzellans noch weiter voran: 1783 begann die von Josiah Wedgwood gegründete Manufaktur mit der Herstellung von Service aus blau-weiß glasiertem Steinzeug. Doch in Deutschland bevorzugte man in der Gründerzeit weiterhin das Porzellan. Als der Wohlstand auch die mittleren Bürgerschichten erreichte, erlebte das Zwiebelmusterporzellan einen ungeahnten Boom. Viele wollten und konnten sich damals das »echte« Meissener leisten, was in der Manufaktur den Personalbedarf in die Höhe schnellen ließ. Um 1900 war das Zwiebelmuster zu *dem* Stilmerkmal bürgerlicher Tischkultur geworden – die blauen Blumen und Früchte zierten nicht nur Kaffeetassen, sondern auch gestickte Tischdecken und Servietten.

Sag's mit Blumen

Und doch: Seit dem Biedermeier kam mehr und mehr das Porzellan mit bunten Blüten in Mode. In gebildeten Kreisen interessierte man sich damals sehr für die Naturwissenschaften, die Geografie, die Physik, die Botanik. Sophie von La Roche beschreibt in ihren Briefromanen immer wieder Szenen, in denen sich Gefährtinnen zum Tee treffen, um kolorierte Stiche mit idealtypischen Pflanzendarstellungen zu studieren. Der Stil der Zeit wollte es, dass man die Werke Carl von Linnés (1707 – 1778) im Bücherschrank hatte. Der schwe-

dische Naturforscher hatte in Uppsala den Lehrstuhl für Botanik inne. Seine epocheprägenden Werke »Systema naturae« (1735) und »Species plantarum« (1753) revolutionierten die Klassifizierung der Pflanzen. Fortan gehörte das liebhaberische Interesse für die Botanik zum bildungsbürgerlichen Wissenskanon. Der biedermeierliche Hang zur dekorativen Zier, zur bildlichen Ausschmückung des Sentiments, gab der modischen Blumenliebe zusätzlichen Auftrieb. Man bediente sich der Blumensprache, um freundschaftliche Bande zu festigen oder in der galanten Werbung zu reüssie-

114

ren. Die naturnahen Pflanzendarstellungen in den gelehrten Büchern förderten die Vorliebe für eine natürlich anmutende Floristik. Man arrangierte frisch gepflückte Gartenblümchen in Jardinieren, entschied sich für Tapeten mit Blütenkränzen und schuf einen neuen Typus des Blumenbuketts: das Biedermeier-Sträußchen – klein, zierlich, mit dem duftigen Touch ländlich bäuerlicher Romantik. In dieser Zeit stellte die Wiener Porzellanmanufaktur *»Confect Teller mit allerley Blumen«* her, und die Porzellanmanufaktur Berlin brachte ein Dessertser-

vice heraus, dessen Blütendekor den kolorierten Stich »Jardin de la Malmaison« des französischen Künstlers Pierre-Joseph Redouté zum Vorbild hatte.

Hundert Jahre später, als das Zeitalter der Massenproduktion und der Billigprodukte angebrochen war, hatten die Streublümchen etwas von ihrem Nimbus eingebüßt. Sie tummelten sich jetzt auch deshalb auf so vielen Tassen und Tellern günstigerer Service, weil sie einfach aufzutragen waren und man beim Aufmalen der Blümchen manchen Herstellungsfehler im Porzellan kaschieren konnte.

»Es war Montag Nachmittag, die Porzellan-Uhr auf dem Schranke zeigte die zweite Stunde, Auguste ging zum Fenster, hernach an den festlich gedeckten Tisch. Sie verstand vorzüglich, alles fein und zierlich zu ordnen. Da schob sie eine Tasse, dort ein Messer zurecht, die kleinen Servietten waren noch nicht genau unter die Teller gelegt; sie war heute die Wirtin ihres Kaffee- und Lesekränzchens.«

Henriette Schmidt: In Backfischchens Kaffeekränzchen, 1895

*»Nichts gegen einen Kaffeeklatsch ohne Klatsch!
Werden aber Freunde und Bekannte durchgehechelt,
dann hilft nur noch die schleunigste Flucht!«*

Roland Gööck: Der gute Gastgeber, 1962

Was haben Frauen beim Kaffeeklatsch eigentlich Wichtiges zu besprechen? Diese Frage erscheint so belanglos wie die vermeintlich zu erwartende Antwort. Man möchte nicht annehmen, dass irgendjemand ein Bedürfnis verspüren würde, sein Ohr an eine Wohnzimmertüre zu pressen, um die Gesprächsfetzen einer weiblichen Kaffeerunde aufzuschnappen. Gemeinhin würde man in einem solchen Falle auch nicht damit rechnen, dass der Blick durchs Schlüsselloch Mark und Bein Erschütterndes zutage brächte. Nichtsdestotrotz haben sich erstaunlich viele Leute über genau diese Frage den Kopf zerbrochen. Genauer: Die Herren haben sich darüber so ihre Gedanken gemacht. Und natürlich haben sie darauf auch eine Antwort gefunden.

»Männer können sich stundenlang über ein Thema unterhalten. Frauen benötigen dazu kein Thema«, sagte beispielsweise der Schauspieler Curt Goetz, der sich

als Autor und Titelheld des 1950 gedrehten Boulevardstreifens »Dr. med. Hiob Prätorius« einen gewissen Expertenruf in Frauenfragen erworben hatte. Von einem wirklichen Arzt, dem Holländer Stephan Blankaart, stammt folgender, auf das Jahr 1705 datierte Befund: *»Wenn nun diese liebe Schäffgen oder Junge Schnepfen so alleyn seyn [...], daß sie solche Besuchungen nur deßwegen anstellen, damit sie mit desto mehr Freyheit lachen und schwatzen können [...], verfallen sie auf solche Ketzereyen, die man von diesen Zuckermäulern schwerliche glauben sollte.«* Zugegeben, diese Beispiele sind etwas in die Jahre gekommen. Darum sei noch eine Hip-Hop-Variante aus den 1990er-Jahren erwähnt, aus dem Song »Mädchen trinken Kaffee, Jungen lieber Bier« der Band Groove Ministers: *»Mich erschreckt doch nur, wenn ich diese Kaffeemädchen seh', die sitzen an den Kaffeetischen, mischen sich in alles ein, mit vielen Worten inmitten von tausend Sorten von Torten.«*

Vier Geschwister am Kaffeetisch, Foto, um 1905

116

Walter Dendy Sandler (1854–1923), »Scandal and Tea« (Klatsch beim Tee),
1893, Stapleton Collection, London

Vielleicht stellen wir uns folgende Szene vor (sie trägt sich zu einer Zeit zu, da die Erfindung der Waschmaschine und des Wäschetrockners noch aussteht): Am Rande eines Dorfes plätschert munter ein Bach, an seinem Ufer machen sich ein paar Frauen zu schaffen. Sie haben Berge von Wäsche neben sich liegen, ihre Hände sind schon ganz blau, das Wasser ist kalt, die Frauen schrubben die Wäschestücke mit Seife und lassen anschließend die schweren, nassen Bündel auf die Ufersteine herniederklatschen, damit sie sich hinterher umso leichter auswringen lassen. Klatsch!, Patsch!, Klatsch!, klingt es vom Ufer herüber zum Dorf, untermalt von Geplapper und Gekicher, denn

irgendwie müssen sich diese Waschfrauen ihre Arbeit ja versüßen, und wie sollte das besser gehen als durch ein bisschen Geplauder und Getratsche? Mehr wäre beim Wäschewaschen inhaltlich sowieso nicht drin. Sind sie so, die Waschweiber? Nichts als Gewäsch, nichts als Klatsch.

Kaum zu glauben, aber genau so kam das Wort »Kaffeeklatsch« in die Welt. Die Begriffe »Klatsch« und »Wasch« hängen bedeutungsgeschichtlich zusammen. Wäsche wurde früher an öffentlichen Plätzen gewaschen, am Bach, Fluss, See oder im Waschhaus. Jeder intime Fleck, jeder Schmutz, im Leintuch, im Betttuch, in der Unterwäsche, kam vor den Augen der anderen zum Vor-

117

»Danke schön!«, nach einem Gemälde von E. v. Müller, 1895

schein. Das »Wörterbuch der deutschen Sprache« von 1808 definiert »klatschen« so: *»viel und unnütz reden, besonders nachtheilige Dinge von Andern oder solche, die verschwiegen bleiben sollen, ausplaudern; wofür man auch in gelinderm Verstande waschen und schwatzen sagt«.* Wilhelm und Jacob Grimm beschreiben in ihrem »Deutschen Wörterbuch« die Bezeichnungen »Klatschmaul« und »Waschmaul« als Synonyme. Begriffsgeschichtlich sind »Gewäsch« und »Klatsch« also miteinander verwandt.

Die Unterstellung, Frauen würden während des Ausbreitens privater Dinge (wie etwa beim Wäschewaschen) über andere herziehen, hat sich als negatives Stereotyp verfestigt. In diesem mentalitätsgeschichtlichen Zusammenhang taucht das Wort »Kaffeeklatsch« zum ersten Mal auf. Die

nach heutigem Wissensstand älteste historische Quelle, in der es erwähnt wird, ist eine französische Kupferstich-Karikatur von Wilhelm Chodowiecki, entstanden um 1800. Sie zeigt eine fröhliche Viecherei aus Hund, Katze, Pfau, Hühnern und Gänsen und trägt den Titel: »Caffée clatché«.

Die damals übliche Auffassung, Frauen seien minderbegabt für geistige Dinge, schlug sich in dem Bild von der Frau als Federvieh nieder: Schnepfe, dummes Huhn, dumme Gans. »Caffée clatché« – das machen Hühner und Gänse. Ein Wiener Sprichwort des 19. Jahrhunderts lautet: »Wenn die Frauen Kaffee trinken, hüpfen sie wie Distelfinken.« Thomas Mann hat dieses Motiv in seinem Roman »Buddenbrooks« karikiert. Er lässt die Hauptfigur Tony Buddenbrook, eine Tochter aus großbürgerlichem Hause, nicht ohne Koketterie wiederholt betonen, wie dumm sie sei: »*Ich weiß, ich bin eine Gans.*« Die Auffassung, der Problemhorizont von Frauen erweise sich eher als schmaler Strich denn als breiter Streifen, schwingt denn auch in der Definition des Begriffs »Kaffeeklatsch« im »Deutschen Wörterbuch« der Brüder Grimm mit: »*geschwätz in einem kaffeekränzchen*«.

Westöstlicher Diwan

Beim Kaffeeklatsch unterhalten sich Frauen mit Frauen über Frauenthemen. Das mag auf Außenstehende etwas eintönig wirken, erweist sich aus der Innenperspektive jedoch als nützlich. Sophie von La Roches Briefroman »Rosalie und Cleberg auf dem Lande« gibt einen vergleichsweise realistischen Eindruck von den Gesprächsthemen eines Kränzchens im bürgerlichen Zeitalter. Da ist vom Austausch von »*Stadtneuigkeiten*« die Rede oder von Fachsimpeleien über Handarbeiten als Zeugnis des Hausfrauenfleißes. Auch Erziehungsfragen standen auf der Tagesordnung: »*Nach diesem wurden die Anlagen des Charakters und Verstandes unserer Kinder genau untersucht, und Entwürfe gemacht, dem*

Versehen der Eitelkeit vorzubeugen.« Vor allem die Stadtneuigkeiten hatten nicht nur unterhaltenden Wert. Wer überwiegend an die häusliche Sphäre gebunden war, verlor ohne derartige Informationen leicht den Bezug zur Gesellschaft draußen.

Nicht von ungefähr ähneln die Themen des Kaffeekränzchens im 18. und 19. Jahrhundert jenen weiblicher Geselligkeitsrituale in patriarchalischen Gesellschaften. Untersuchungen über den Harem kommen zu ähnlichen Ergebnissen wie eine empirische Studie über häusliche Frauengesellschaften in Damaskus. Die Islamwissenschaftlerin Friederike Stolleis erhielt Ende der 1990er-Jahre Einblick in das »*öffentliche Leben in privaten Räumen*« der syrischen Hauptstadt. Sie fand heraus, dass traditionell lebende muslimische Frauen ihre rituellen Visiten dazu nutzen, Neuigkeiten über Verwandte, Nachbarn und Freunde auszutauschen, Tipps zur Haushaltsführung, Kosmetik, Kindererziehung und Mode zur Sprache zu bringen, aber auch, um miteinander zu scherzen und zu lachen. Diese morgendlichen Treffen bei Tee und Kichererbsenpüree haben die nahezu gleiche Funktion wie das Kränzchen bei Kaffee und Kuchen: Entlastung vom Alltag, indirekte Teilhabe an öffentlichen Dingen, Stabilisierung der sozialen

vaten Raumes, das Vertrauen der Freundinnen, das über Jahre und Jahrzehnte gewachsene Miteinander, die Regelmäßigkeit der Treffen machen es leicht, auch mal über schwierige und ernste Dinge zu sprechen. Im Idealfall können Kränzchenfreundinnen einander Halt und Stütze sein: »*Wir brauchen uns gemeinsam*«, resümierte eine Dame, die für die Kaffeeklatsch-Ausstellung befragt wurde.

Hoch die Tassen!

Wenn Frauen von ihren Kränzchengesprächen erzählen, rückt das Klischee von der Tratschrunde in den Hintergrund: »*Wir reden über die Pflegeversicherung und Arbeitslosigkeit*«; »*wir können uns auch Trauriges erzählen, zum Beispiel, wenn eine von uns schwer krank ist*«; »*wir haben auch schon miteinander geweint, wenn jemand, den wir kennen, gestorben ist*«; »*geplaudert wird über Gott und die Welt, über Wechseljahre, Gesundheit, Beruf und Familie*«.

Der Kaffeeklatsch als Lebenshilfe? Man wird das idealtypisch verklärte Bildungs-Kaffeekränzchen, bei dem nicht auch ein bisschen getratscht würde, nicht als den Regelfall vermuten dürfen. Doch der Spielraum zwischen harmlosem Klatsch und übler Nachrede ist groß. In den bildungsbürgerlichen Kränzchen galt Klatsch als verpönt und Takt als eine der edelsten Tugenden: »*Man will auch bei seinen besten Freunden nicht von den Gebrechen des Körpers und der Seele reden*«, schreibt Sophie von La Roche. Nur unter langjährigen Freundinnen ist es erlaubt, sich das Herz auszuschütten: »*Ein bequemes*

Bindungen (Frauenfreundschaften) sowie die Möglichkeit, die weibliche Identität im Gespräch zu stärken. Gleichzeitig tragen diese Rituale nolens volens dazu bei, den Status quo der traditionellen weiblichen Rollenzuschreibung nicht infrage zu stellen – und wenn, dann nur in verträglicher Minimaldosierung. Man unterstützt sich bei hausfraulichen Belangen, wetteifert jedoch auch miteinander. Beim Kaffeekränzchen signalisieren das Herumreichen von Stickereien und Häkelarbeiten, das Austauschen diffiziler Kuchenrezepte, die Sorgfalt beim Decken der festlichen Kaffeetafel: Seht her, ich bin eine vorbildliche, und das heißt: gesellschaftlich akzeptierte Hausfrau.

Es sind die Lebensthemen, die in diesen Stunden zur Sprache kommen: Ehe, Kinder, Krankheit, Alter, Tod. Die intime Atmosphäre eines pri-

Sofa, Aufgehobensein, Ruhe und Vertrautheit«, nennt eine Dame aus Stuttgart die Vorzüge ihres seit 23 Jahren bestehenden Kaffeekränzchens. Man lässt sich in das gegenseitige Vertrauen hineinfallen wie auf ein Kanapee. Und dann steht man gestärkt wieder auf.

Die Kommunikationswissenschaft bezeichnet die Funktion des vertraulichen, offenen Gesprächs unter Gleichgesinnten als *»Überleben durch Sprechen«*. Der quasi-therapeutische Mechanismus entlaste insbesondere jene Frauen, die in der Erfüllung der Pflicht aufgehen, sich als Person zurückzunehmen, um ganz für andere da zu sein. Sprechen werde so zu einem Akt der Selbstwahrnehmung, auch Selbstverwirklichung, es helfe, sich von dieser eingrenzenden Rollenzuschreibung wenigstens kurzfristig zu distanzieren und sich als eigenständiges Individuum wahrzunehmen: *»Wir reden uns alles von der Seele, das ist befreiend und tröstlich. Wenn wir über unsere Kinder sprechen, verstehen wir Frauen das besser als unsere Männer.«* An diesem Punkt berühren sich das Kaffeekränzchen und der Salon: Beide Geselligkeitsformen trugen zur Entwicklung eines modernen weiblichen Selbstbewusstseins bei. Der Salon besaß eine kulturgeschichtlich bedeutsame Signalwirkung nach außen. Er befreite manch privilegierte Frau aus dem Bildungsvakuum des bürgerlichen Zeitalters. Das Kaffeekränzchen wirkte nahezu ausschließlich im Stillen – seine entlastende, das Gemüt erheiternde und befreiende Wirkung nahmen und nehmen ausschließlich die daran beteiligten Frauen wahr.

»Kein Kaffee mehr,
Jede Tass' leer,
Stühle rücken,
Hände drücken,
Complimente,
Kränzchens Ende,
Thüre zu,
Zung' in Ruh'.«

Aus: Fliegende Blätter, *9. Juni 1895*

»[...] und das elektrische Klavier, das klimpert leise,
eine Weise von Liebesleid und Weh'.
Und in der kleinen Konditorei,
da saßen wir zwei, bei Kuchen und Tee.«

»In einer kleinen Konditorei«,
Schlager von F. Raymond und Ernst Neubach, 1960

Im Jahre 1687 wurde auf der Leipziger Michaelis-Messe eine türkische Frau als Ware feilgeboten. Der Preis für die Sklavin war ein Zentner Zucker. Wenn ein Zentner Zucker ein Menschenleben wert war, was würde damals ein Stück Torte gekostet haben?

Diese Frage hat sich damals so nicht gestellt. Es gab zu jener Zeit in Deutschland noch keine Konditorei. Es mussten erst einschneidende Dinge passieren, damit sich bei uns Konditoreien etablieren konnten: die Erfindung des Rübenzuckers, der wirtschaftliche Aufschwung in der Bismarck-Ära, die Einwanderung von Graubündner Konditoren nach Nord- und Ostdeutschland.

Die Kulturgeschichte des Zuckers beginnt vor rund 17 000 Jahren in der Urheimat des Zuckerrohrs, in Melanesien, einer Inselgruppe nordöstlich von Australien. Um diese Zeit, so ergaben archäologische Forschungen, nutzten die Urein-wohner dieser Inseln das Zuckerrohr bereits als Proviant. Die Kenntnis darüber, wie sich aus Zuckerrohr ein Süßstoff gewinnen lässt, verbreitete sich von hier aus nach Neukaledonien, Indien und Persien. Die Perser waren die Ersten, die sich das *»Schilf, das Honig hervorbringt ohne Bienen«* auf jene Art zunutze machten, die wir heute noch kultivieren: Sie entwickelten das Verfahren, Kristallzucke in Form von Zuckerhüten herzustellen. Dieses Wissen gaben sie an die Araber weiter, und von dort gelangte es während der Kreuzzüge nach Venedig. Die Stadt an der Lagune war bis 1500 der europäische Haupthandelsplatz für Zucker. Sie wurde von Lissabon abgelöst, dem Einfuhrhafen für Zuckerrohr aus den europäischen Kolonien in der Karibik, in Südamerika und auf den Kapverdischen und Kanarischen Inseln.

Zucker zu gewinnen war zeitaufwendig; die Verschiffung über die Weltmeere verteuerte das

Pierre-Auguste Renoir (1841–1919), »La fin du déjeuner« (Am Ende der Mahlzeit), 1879,
Städelsches Kunstinstitut, Frankfurt am Main

In einem Café am Hang des Süllberges in Hamburg-Blankenese genießen Freundinnen einen Kaffeeklatsch mit mitgebrachtem Kaffee. Diesen kann man im Café aufbrühen lassen, für die Benutzung der Tassen wird eine einmalige Gebühr von 60 Pfennigen erhoben. Foto von 1963

Luxusprodukt noch zusätzlich. So schmeckte denn das süße Leben der einfachen Leute hauptsächlich nach Honig, und nur das der Aristokratie und der wohlhabenden Bürger nach kristallisiertem Rohrzucker. Wollte man Kaffee oder eine heiße Schokolade süßen, so klopfte man mit einem silbernen Hämmerchen portionsweise ein paar Klümpchen vom Zuckerhut ab und gab diese in eine Zuckerdose. Das gemeine Volk konnte sich Zuckerzeug bestenfalls an hohen Tagen leisten und vielleicht auch einmal an den Sonntagen. Das änderte sich erst, als Andreas Sigismund Marggraf im Jahre

1747 entdeckte, dass sich aus roten Rüben ein »Salz« extrahieren ließ, so süß, wie der *»vollkommene Zucker aus Zuckerrohr«*. 1784 gelang Franz Carl Achard in der Preußischen Akademie der Wissenschaften zu Berlin die Züchtung der Zuckerrübe. 1802 nahm die erste Rübenzuckerfabrik der Welt im schlesischen Ort Cunern die Produktion von Rübenzucker auf. Ein paar Jahrzehnte später gab es im Gebiet des Deutschen Zollvereins bereits 21 Rübenzuckerfabriken.

Die Zeitenwende um 1800 brachte mehrere Kulturleistungen hervor, die heute noch unseren

Alltag prägen. Die Französische Revolution schuf beispielsweise die Voraussetzungen für das Entstehen des Restaurants – und der Konditorei. In jener Zeit machten sich nämlich die arbeitslos gewordenen Hofköche wie auch die ersten Hofkonditoren selbständig. Ohne den erschwinglichen Rübenzucker hätten sie sich jedoch schwergetan, ihre Produkte einem breiteren Publikum zu verkaufen. Und so fügte sich eine günstige Entwicklung zur andern.

Die süßen Jungs aus den Schweizer Bergen

Bis auf wenige Ausnahmen wurden die ersten Konditorei-Cafés in Deutschland nach der Französischen Revolution eröffnet: 1791 in Kassel, 1795 in Hannover, 1796 in Berlin, 1797 in Dresden, 1801 in Hamburg, 1809 in Königsberg, 1811 in Bremen. Weimar hatte im Jahr 1830 vier Konditoreien, und auch in Minden, Stettin, Breslau, Danzig, Braunschweig und Frankfurt an der Oder gab es diese neuartigen Etablissements, wo man sich an Gefrorenem, Marzipantörtchen und Anisbrötchen gütlich tun konnte. Die Gründer dieser Konditoreien waren in der Mehrzahl keine deutschen Landsmänner: Es waren Auswanderer aus Graubünden.

Welcher Zufall der Geschichte dieses Phänomen begünstigte, darüber rätselten schon die damaligen Zeitgenossen. 1846 schreibt F. Sass: »Diese

freien Schweizer verließen ihre Berge, ihre Seen, ihre Täler, um [...] dem Norddeutschen Baisers zu verkaufen und Kaffee zu schenken. Die Suprematie der Schweizer erstreckt sich über das ganze Conditoreiwesen Norddeutschlands.« Gleichwohl hatte der Weg der Graubündner Zuckerbäcker ursprünglich eine südliche Richtung genommen: Schon im 16. Jahrhundert waren Hunderte von ihnen als Wanderarbeiter nach Venedig aufgebrochen. In den engen Bergtälern tat man sich mit dem Broterwerb schwer. Der war in der Weltstadt des süßen Lebens, in der Zuckerkapitale Venedig aber auch nicht eben leicht: die jungen Burschen standen Tag und Nacht in den dunklen, feuchten Backstuben, um Marzipan und zuckerkrustige Dragees, mit Früchtemus gefüllte Pasteten und Sorbets herzustellen. In der Serenissima änderten die Burschen aus den Talschaften von Zuoz oder Scuol ihre für Italiener unaussprechlichen rätoromanischen Namen, und so wurden aus dem »Giousch« und dem »Claguña«, dem »Piderman« und dem »Zambun« die Zuckerbäcker Josty, Clermont, Pietromanni und Zamboni. Die Graubündner Gesellen entwickelten sich zu Meistern der Speiseeisherstellung und der feinen Patisserie. Viele italienische *pasticcerie* gehen auf Graubündner Gründungen zurück – in Venedig wie auch in Mailand, Florenz und Rom. Doch die italienischen Bäcker wurden auf die Konkurrenz dieser Graubündner Zuckerkünstler zunehmend eifersüchtiger; sie befürchte-

ten »Überfremdung« und Terrainverlust. Schließlich hob Venedig 1766 die Handwerksprivilegien für die Bündner Konditoren auf, sodass sie gezwungen waren, sich in einem anderen Land nach einer neuen Existenzgrundlage umzusehen.

Das katholische Süddeutschland schied als mögliches lukratives Pflaster aus; hier kannte man die süßen Fastenspeisen, die Dampfnudeln und Buchteln und Kipferln, und hatte, anders als im protestantischen Norden, die Tradition häuslichen Backens bereits relativ weit entwickelt. Das aufstrebende Preußen

bot bessere Chancen. So kam es, dass zwei der berühmtesten deutschen Konditorei-Cafés in Berlin ihre Pforten öffneten: das Café Josty an der Stechbahn Nr. 1 und das Café Stehely am Gendarmenmarkt.

Meine Dame, darf ich's wagen, Sie zu fragen?

Wie in allen ersten europäischen Kaffeehäusern, tummelten sich rund um das Kuchenbüfett bei Josty und Stehely nicht nur die besseren Stände im Allgemeinen, sondern ausschließlich die Herren dieser besseren Stände. Das Kuchenessen in aller Öffentlichkeit war wie das Kaffeetrinken und das Zeitunglesen ein männliches Privileg: »*Das Lokal ist zwar eng und dumpfig, und wie eine Bierstube dekoriert, doch das Gute wird immer den Sieg über das Schöne behaupten. Zusammengedrängt wie die Bücklinge sitzen hier die Enkel [...] und schlürfen Krême, und schnalzen vor Wonne*«, schreibt Heinrich Heine 1822 über das Café Josty. Stehely hingegen wurde nicht nur für seine süßen Törtchen, sondern auch für seine »Zeitungsnahrung« geschätzt; hier pflegten Ärzte, Juristen und »Kandidaten der Philosophie« ihre heiße Schokolade zu trinken. Der Volksmund nannte diese Cafés »Lesekonditoreien«, und wie wir bereits wissen, galt für Frauen überall dort, wo öffentlich gelesen wurde: »Wir müssen leider draußen bleiben.«

Ein anderer Name für die neuen Einrichtungen war: »confisseurs rois« – königliche Konditoren. Die Konditorei-Cafés waren ein städtisches, um genau zu sein: ein residenzstädtisches Novum. Sie etablierten sich in der Nähe des Stadtschlosses, erstens, weil hier das betuchtere Publikum flanierte, und zweitens, weil der Lieferweg in die Residenz somit nicht weit war. Die

Ironie der Geschichte will es, dass nicht wenige bürgerliche Konditoren im Laufe des 19. Jahrhunderts zu königlichen Hoflieferanten ernannt wurden: Demel in Wien, Gerbeaud in Budapest, Rottenhöfer in München, Pomatty in Königsberg, um nur ein paar zu nennen. Die »Königsberger Skizzen« von Karl Rosenkranz bringen die Vorteile der Standortwahl auf den Punkt: *»Der Platz beim Schloss war günstig gewählt, denn rund um das Schloss war immer etwas los.«* In der Tat: Hier hallte es von Hufegetrappel, die Militärs paradierten auf und ab, schneidige Offiziere führten ihre Damen über den Boulevard, und an den Sonntagen kamen selbst die kleineren Bürger aus ihren Stübchen, um ein wenig die Luft der feinen Welt zu schnuppern und um zu bummeln.

Das waren die Gelegenheiten, bei denen Frauen es wagen durften, ihren Fuß über die Schwelle der Konditorei zu setzen: in vornehmer Gesellschaft, am Arm des Kavaliers oder Gatten. Es waren die Herren, die den Damen den Besuch der Konditorei schmackhaft machten: *»Dort trank der gutsituierte, solide Mann nachmittags seinen Kaffee; dorthin allein konnte er seine Frau führen, wenn er ihr in einem öffentlichen Lokal eine Erfrischung bieten wollte.«* Eine weitere Möglichkeit, als Frau eine Konditorei zu besuchen, bot sich in den Gartencafés. Viele Konditoreien verfügten über eine Terrasse, manche wählten sogar gezielt einen Park, um dort in einem Pavillon ein kleines Café zu eröffnen. Der Alsterpavillon am Hamburger Jungfernstieg etwa oder Kintschys Schweizerhäuschen bei Leipzig waren solche Gartencafés; im Wiener Volks-

garten gab es ähnliche Einrichtungen, und auch das Café Tambosi am Münchner Hofgarten steht in dieser Tradition, oder das berühmte Kröpcke in Hannover. Wie alle Gartencafés der Zeit hatte auch das Kröpcke eine Konzertmuschel, einen Holzpavillon für kleinere Orchester. Hier spielte die Tanzmusik heitere Weisen: *»Schön ist ein Symphoniekonzert/mit Kaffee und mit Kuchen./Frau Schulz, probieren Sie meinen mal,/Ich wird' dafür Ihren versuchen«*, dichtete Hermann Löns in seiner Satireschrift »Fritz von der Leine«.

rechts: Wilhelm Gause (1853–1916),
»Gartencafé in Wien«, 1901,
Museum der Stadt Wien

Die Liebe kommt, die Liebe geht

Mit diesen Sonntagnachmittagsvergnügungen etablierte sich die bürgerliche Konditoreikultur. Jetzt musste der Kleine Mann nur noch genügend Geld im Portemonnaie haben, um sich und seiner Frau hin und wieder ein Stückchen Kuchen gönnen zu können. Der wirtschaftliche Aufschwung der Gründerjahre machte es möglich. Die zweite Hälfte des 19. Jahrhunderts bescherte Deutschland ein dynamisches Städte- und Wirtschaftswachstum. Das Zeitalter der Großbanken, der Großindustrie, der Eisenbahn, der chemischen, textilen, elektrischen und, ganz allgemein, der Maschinenindustrie hatte begonnen. Fabriken wurden gebaut, dafür brauchte man Arbeiter und Angestellte; eine gewaltige Landflucht setzte ein, die Städte wuchsen über sich hinaus. So schlecht die sozialen Bedingungen damals auch waren, diese Arbeiter hatten zum ersten Mal so etwas wie eine karge Freizeit. Wochenend und Sonnenschein. Und was tat man da? Man ging in den Biergarten, den Volksgarten, ins Wirtshaus oder ins Café. Da wurde gespielt, gesungen und getanzt. Und man vergaß für ein paar Stunden die alltägliche Buckelei.

Was nun gebraucht wurde, war eine neue, zeitgemäße Form des zärtlichen Anbandelns. Wie sollte man die kleine Schuhverkäuferin oder das Wäschermädel sonst für sich gewinnen? Die »Bar zum Krokodil« war zu verrucht, davor hatten die Comedian Harmonists bereits in ihrem gleichnamigen Schlager gewarnt. Aber Kuchen, Schlagsahne und Eiscreme waren schickliche Lockmittel. Und so fügte es sich brav: In den Hinterstübchen der Konditorei-Cafés konnte man heimlich Händchen halten und auch schon mal tiefe Blicke tauschen.

So gewöhnten sich auch die Frauen an die Vorzüge des Konditoreibesuchs. Ende des 19. Jahrhunderts eroberten sie sich mehr und mehr dieses ursprünglich rein männlich besetzte Gebiet. Aber die eigentliche Blütezeit des Konditorei-Cafés waren die 1920er-Jahre bis zum Zweiten Weltkrieg – die großstädtische Moderne. Die Frauen emanzipierten sich, sie gingen aus. Jetzt gab es auch in den Kleinstädten eine Konditorei. Eine wie das Café Löblein im fränkischen Marktbreit zum Beispiel. Es eröffnete 1921 und wurde schnell zum Treffpunkt diverser Kränzchen. Montags, wenn Schweinemarkt war, trieben die Bauern ihre Händel, und die Frauen tranken in der Zwischenzeit im Löblein einen Kaffee. An den Donnerstagen, so erzählt man sich, traf sich das Damenkränzchen der feinen Gesellschaft. Die »Frau Zahnarzt«, die »Frau Studienrat« und die »Frau Ingenieur« brachten ihre Handarbeiten mit und ließen zum Streuselkuchen die Stricknadeln klappern.

folgende Doppelseite: Edgar Degas (1834–1917), »Femmes
sur une terrasse de Café« (Frauen auf einer Caféterrasse), 1877,
Musée d'Orsay, Paris

»Ich lade Sie ein zu Kaffee und Kuchen,
dann sitzen wir zwei im kleinen Café.
Und spielt die Musik die Lieder der Liebe,
kommt sicher das Glück dann auch zu uns zwei'n.
Und darum bitt' ich Sie: Oh, sagen Sie nicht Nein!
Zu Kaffee und Kuchen lad' ich Sie ein!«

»Zu Kaffee und Kuchen lad' ich Sie ein«, Schlager von Helmut Sohr

Danksagung

Zum Gelingen unseres »Kaffeeklatschs« haben nicht Wenige beigetragen.
Ihnen allen gilt unser herzlicher Dank. Und doch sei es erlaubt,
ein paar von ihnen besonders hervorzuheben:

Frau Sunny Randlkofer und das Feinkosthaus Alois Dallmayr, München,
haben uns freundlicherweise das Kabinett ihres Cafés und Restaurants zu Fotoaufnahmen
zur Verfügung gestellt und großzügig den Tisch mit ihren Torten,
Petits fours und Pralinen gedeckt.

Herr Walter Poganietz, Gründer des Deutschen Konditoreimuseums Kitzingen,
hat dieses Buch mit viel Engagement und Anteilnahme unterstützt.
Er ermöglichte uns Einblicke in seine Bibliothek des Konditoreiwesens
und stellte uns seltene Abbildungen aus historischen Werken zur Verfügung.

Schließlich möchte die Autorin Frau Dr. Iris Carstensen, Hamburg, herzlich danken.
Sie hat das Entstehen des Manuskripts mit freundschaftlichem Rat
und kunsthistorischem Wissen begleitet. Rosalie von Cramer-Klett
danken wir für ihre Unterstützung bei der Bildrecherche.

Bibliografie

Quellen

Amaranthes: Nutzbares, galantes und curiöses Frauenzimmer-Lexicon [...], Leipzig 1715

Amtliche Badeliste für das Ostseebad Zinnowitz und Generalanzeiger Wolgast, Nr. 13, 06.08.1905

Davidis, Henriette: Illustriertes praktisches Kochbuch für die bürgerliche und feinere Küche, Berlin 1906

Helm, Clementine: Backfischchen's Leiden und Freuden. Eine Erzählung für junge Mädchen, Leipzig 1868

Helm, Clementine: Das Kränzchen. Eine Erzählung für junge Mädchen, Bielefeld, Leipzig 1875

La Roche, Sophie von: Fanny und Julia oder Die Freundinnen, Leipzig 1801

La Roche, Sophie von: Geschichte des Fräuleins von Sternheim, Neudruck, München 1984

La Roche, Sophie von: Herbsttage, Leipzig 1805

La Roche, Sophie von: Pomona für Teutschlands Töchter. Nachdruck der Original-Ausgabe Speyer 1783–1874, München, London et al. 1987

La Roche, Sophie von: Rosalie und Cleberg auf dem Lande, Offenbach 1791

Rottenhöfer, Julius: Der elegante wohlservirte Kaffee- und Theetisch, München 1864

Schmidt, Henriette: In Backfischchens Kaffeekränzchen, Stuttgart 1895

von Wedell, I.: Wie soll ich mich benehmen? Ein Handbuch des guten Tones und der feinen Lebensart, Stuttgart 1871

Zedlers Großes-vollständiges Universal Lexicon Aller Wissenschaften und Künste, Bd. 5, Halle, Leipzig 1733

Sekundärliteratur

Alzheimer, Heidrun (Hg.): Kaffee. Konsum, Kultur, Kommerz, Marktbreit 2004

Berg, Jörg R.: Klatsch. Zur Sozialform der diskreten Indiskretion, Berlin, New York 1987

Blanning, T.C.W.: Das Alte Europa 1660–1789. Kultur der Macht, Macht der Kultur, Darmstadt 2006

Brednich, Rolf Wilhelm; Schmitt, Heinz (Hg.): Symbole. Zur Bedeutung der Zeichen in der Kultur, Münster, New York et al. 1997

Carstensen, Iris: Friedrich Reichsgraf zu Rantzau auf Breitenburg (1729–1806). Zur Selbstthematisierung eines holsteinischen Adligen in seinen Tagebüchern, Münster, New York et al. 2006

Ferré, Felipe: Kaffee. Eine Kulturgeschichte, Tübingen 1991

Heise, Ulla; Beatrix Frfr. von Wolff Metternich (Hg.): Coffeum wirft die Jungfrau um. Kaffee und Erotik in Porzellan und Grafik aus drei Jahrhunderten, Leipzig 1998

Heise, Ulla: Kaffee und Kaffeehaus. Eine Bohne macht Kulturgeschichte, Leipzig 1996

Heise, Ulla; Krueger, Thomas (Hg.): Kaffee privat. Porzellan, Mühlen und Maschinen, Deutsches Porzellanmuseum, Hohenberg 2002

Horbelt, Rainer; Spindler, Sonja: Tante Linas Nachkriegsküche. Kochrezepte, Erlebnisse, Dokumente, Augsburg 2000

Jacob, Heinrich Eduard: Kaffee – Die Biographie eines weltwirtschaftlichen Stoffes. Neuauflage der Originalausgabe von 1934, München 2006

Kaiser, Hermann: Der große Durst. Von Biernot und Branntweinfeinden, rotem Bordeaux und schwarzem Kaffee, Museumsdorf Cloppenburg 1995

Le Goullon, François: Der elegante Theetisch, 3. Auflage, Weimar 1809. Für die Neuausgabe ausgewählt und aufbereitet von Günther Liebethal, Leipzig 2002

Museum der Porzellanmanufaktur Fürstenberg (Hg.): Die Kaffeegesellschaft. Drei Jahrhunderte Kaffeekultur an der Weser, Bremen 1992

Museum für Kunst und Kulturgeschichte der Stadt Dortmund (Hg.): Beruf der Jungfrau. Henriette Davidis und Bürgerliches Frauenverständnis im 19. Jahrhundert, Oberhausen 1990

Mutschelknaus, Katja: Kaffeeklatsch, Ulm 1998

Nipperdey, Thomas: Deutsche Geschichte, Bd. I: 1800–1866, Bd. II: 1866–1918, München 1998

Ottomeyer, Hans; Schröder, Klaus Albrecht; Winters, Laurie (Hg.): Biedermeier. Die Erfindung der Einfachheit, Ostfildern 2006

Röhrich, Lutz: Lexikon der sprichwörtlichen Redensarten, Freiburg et al. 1991

Röntgen, Robert E.: Blaumalerei auf Meissener Porzellan. Zwiebel, Stroh und blaue Blume, Leipzig 2004

Schiedlausky, Günther: Kaffee, Tee, Schokolade. Ihr Eintritt in die Europäische Gesellschaft, München 1961

Schönfeldt, Sybil Gräfin: ›Gestern aß ich bei Goethe‹. Bilder einer neuen Gastlichkeit, Zürich, Hamburg 2002

Stolleis, Friederike: Öffentliches Leben in privaten Räumen. Muslimische Frauen in Damaskus, Würzburg 2004

Verk, Sabine: Geschmacksache. Kochbücher aus dem Museum für Volkskunde, Berlin 1995

Wilhelmy-Dollinger, Petra: Die Berliner Salons. Berlin, New York 2000

Zischka, Ulrike; Ottomeyer, Hans; Bäumler, Susanne (Hg.): Die anständige Lust. Von Esskultur und Tafelsitten, München 1993

Diese Bibliografie stellt eine Literaturauswahl dar. Einige im Text zitierte Quellen wurden nicht eigens aufgeführt; die Quellenverweise hierzu finden sich in der hier angegebenen Sekundärliteratur.

Bildnachweis

Umschlagabb. vorne:
Women gossiping at a diner/
© H. Armstrong Roberts/Corbis
Umschlagabb. hinten:
Gebäck: FinePic, Collier's Magazine: The Art Archive/Eileen Tweedy, Mädchen: ullstein bild
S. 1 ullstein bild
S. 6/7 Millicent Sowerby, Guests, Privatsammlung/© Christopher Wood Gallery, London/The Bridgeman Art Library
S. 9 The Art Archive/Eileen Tweedy
S. 10 Cincinnati Art Museum/The Edwin and Virginia Irwin Memorial/VG Bild-Kunst, Bonn 2008
S. 11 Laurits Regner Tuxen, The Coffee is Poured/Skagens Museum/The Bridgeman Art Library
S. 12 bpk
S. 13 o. siehe S. 9, u. privat
S. 14 akg-images
S. 15 Giraudon/The Bridgeman Art Library

S. 16/17 ullstein bild/Granger Collection
S. 19 Klein-Mädgen beim Servieren/bpk/Dietmar Katz
S. 20 siehe S. 19 und: Kitchens' storage and utensils,1890–1910/The Stapleton Collection/The Bridgeman Art Library
S. 21 Museum für Kunst und Kulturgeschichte der Stadt Dortmund, Foto: Madeleine-Annette Albrecht
S. 22 Klassik Stiftung Weimar
S. 26 Kaffeestrauch, nach Darstellung um 1800/akg-images
S. 27 beide Archives Charmet/The Bridgeman Art Library
S. 28 akg-images
S. 29 beide akg-images
S. 30 Cris de Paris, Selling Café au Lait, ca. 1812/The Art Archive/Bibliothèque des Arts Décoratifs Paris/Gianni Dagli Orti
S. 32 © Elizabeth Banks/The Bridgeman Art Library

S. 33 Lauros/Giraudon/The Bridgeman Art Library
S. 34 The Bridgeman Art Library
S. 35 ullstein bild/TopFoto
S. 36 The Art Archive/Bibliothèque des Arts Décoratifs Paris/Gianni Dagli Orti
S. 39 The Bridgeman Art Library
S. 40 akg-images/Hans Asemissen
S. 41 siehe S. 1
S. 43 Jean-Louis Prevost, Still Life/Fitzwilliam Museum Cambridge
S. 45 akg-images und u. Kaffee-Tafel, Abbildung aus Henriette Davidis: »Praktisches Kochbuch«, 1898
S. 46 bpk/Kunstbibliothek, SMB/Knud Petersen
S. 47 bpk
S. 48 Stiftung Stadtmuseum, Berlin
S. 51 Johann Jacobs Museum, Sammlung zur Kulturgeschichte des Kaffees, Zürich
S. 52 Franz Sales Haus, Essen
S. 53 akg-images

S. 54 © Agnew's, London/The Bridgeman Art Library

S. 56 Christie's New York/Artothek

S. 58/59 The Bridgeman Art Library

S. 60 Schlossmuseum Jever, Inv-Nr. 2237

S. 61 Yale Center for British Art, Paul Mellon Collection/The Bridgeman Art Library

S. 64 Johann Jacobs Museum, Sammlung zur Kulturgeschichte des Kaffees, Zürich

S. 65 Cafetière, Frankreich 1795–1799/The Art Archive/Private Collection/Gianni Dagli Orti und u. privat

S. 67 George Adamson, Cafe con leche caliente (after Goya), Privatsammlung/The Bridgeman Art Library

S. 68 bpk/Kunstbibliothek, SMB

S. 70 Museum im Gotischen Haus, Bad Homburg v. d. Höhe

S. 71 Jiří Slíva

S. 72 akg-images/Hans W. Mende

S. 73 Archives Charmet/The Bridgeman Art Library

S. 74 privat

S. 75 Bröhan-Museum, Berlin

S. 77 Illustrierte Backrezepte von Dr. A. Oetker/privat

S. 79 The Art Archive/Bibliothèque des Arts Décoratifs Paris/Gianni Dagli Orti

S. 80 The Bridgeman Art Library

S. 81 Museum für Kunst und Gewerbe, Hamburg, Photographische Sammlung

S. 82 Mondamin Gesellschaft, Berlin/Museum Europäischer Kulturen/ Staatliche Museen zu Berlin, Katalognr. 62 H 222 c

S. 83 siehe S. 77

S. 84 Foto, um 1935/akg-images

S. 85 Institut für Zeitungsforschung der Stadt Dortmund

S. 86 Museum Europäischer Kulturen/Staatliche Museen zu Berlin, Katalognr. 62 H 215 a

S. 87 li. Museum Europäischer Kulturen/Staatliche Museen zu Berlin, Katalognr. 62 H 182 y und re. Katalognr. 62 H 182 d

S. 88 Unifrance-Film

S. 89 bpk/Liselotte Purper (Orgel-Köhne)

S. 90 © Connaught Brown, London/ The Bridgeman Art Library

S. 92/93 © Bonhams, London, UK/The Bridgeman Art Library

S. 94 Titelillustration Carl Gruber, Die Conditorei in Wort und Bild, 4. Auflage, Frankfurt am Main 1904

S. 95 o. FinePic und u. ullstein bild/Blume

S. 96 Green Pattern Teacup, The John Grossman Collection of Antique Images und u. Irenco Robert Bier AB, Stockholm

S. 97 The Stapleton Collection/The Bridgeman Art Library

S. 98 © Brigitte Krauth/StockFood

S. 100 FinePic

S. 101 »Jö, ist der Kaffee heut wieder gut«, Titze-Kaffeewerbung

S. 102 ullstein bild

S. 103 Kaffeemühle, spätes 18., frühes 19. Jh./The Art Archive/Private Collection/Gianni Dagli Orti und u. Filmstreifen von Max Skladanowsky, um 1896/akg-images

S. 104 Hauswirtschaftsheft 1951

S. 105 akg-images

S. 109 Teile aus dem Schwanenservice Staatliche Kunstsammlungen zu Dresden Porzellansammlung im Zwinger/ Foto: Karpinski 1997

S. 110 Staatliche Porzellan-Manufaktur Meissen

S. 111 Staatliche Porzellan-Manufaktur Meissen und u. privat

S. 112 u. 114 Johann Jacobs Museum, Sammlung zur Kulturgeschichte des Kaffees, Zürich

S. 115 Titelillustration Max Hoyer, »Kaffeeklatsch. Kurzspiele und Sketche«

S. 116 akg-images

S. 117 Stapleton Collection/ The Bridgeman Art Library

S. 120 ullstein bild

S. 123 bpk/Hermann Buresch

S. 124 dpa

S. 126 Privatsammlung, Barbara Singer/The Bridgeman Art Library

S. 127 The Art Archive/Culver Pictures

S. 129 The Art Archive/Museum der Stadt Wien/Alfredo Dagli Orti

S. 130/131 akg-images/Erich Lessing

S. 132 FinePic

Die Dekorationsillustrationen – Torten und Tortenhälften, Petit fours sowie alles andere – wunderbare – »eingestreute« Kleingebäck – entstammen den folgenden historischen Werken:

Clemens Beyrich: Tortenverzierungen. Anleitungs- und Nachschlagebuch, 8. Auflage, Chemnitz

Carl Gruber: Die Conditorei in Wort und Bild, 4. Auflage, Frankfurt am Main 1904

Carl Krackhart: Neues illustriertes Conditoreibuch, Ausgabe A, Nordhausen 1908

J. M. Erich Weber: Praktische Konditoreikunst. Das unentbehrliche Vorlagenwerk der modernen Konditorei, Dresden 1916